대기업 면접부터 임원까지

대기업 면접부터 임원까지

초판 1쇄 인쇄 2010년 12월 15일
초판 1쇄 발행 2010년 12월 22일

지은이 | 한상현
펴낸이 | 손형국
펴낸곳 | (주)에세이퍼블리싱
출판등록 | 2004. 12. 1(제315-2008-022호)
주소 | 157-857 서울특별시 강서구 방화3동 316-3번지 한국계량계측협동조합 102호
홈페이지 | www.book.co.kr
전화번호 | (02)3159-9638~40
팩스 | (02)3159-9637

ISBN 978-89-6023-507-6 03320

이 책의 판권은 지은이와 (주)에세이퍼블리싱에 있습니다.
내용의 일부와 전부를 무단 전재하거나 복제를 금합니다.

대기업
면접부터 임원까지

한상현 지음

ESSAY

머리말

『대기업 면접부터 임원까지』라는 책의 제목으로만 보면, 아마도 취업을 앞두고 있는 대학 졸업반 학생들이나 대기업 신입사원들이 많은 관심을 갖지 않을까 생각한다. 하지만 가능하다면 좀 더 젊은 친구들과 대기업에 관심이 있는 모든 분들이 같이 읽었으면 하는 것이 내 바람이다. 왜냐하면, 가능하면 조금이라도 일찍 자신의 꿈을 정하고, 그 꿈의 실체에 대해 남보다 조금이라도 많이 고민하고 준비한 사람이 결국 그 꿈을 이루게 될 가능성이 높다는 것이 나의 경험에서 나온 산물이기 때문이다.

최근에 읽은 책에서 재미있는 Data를 보았다. 같은 해에 태어나도 누가 몇 개월을 더 남보다 빨리 준비하고 행동에 옮기느냐가 인생의 성공을 좌우한다는 통계Data다. 조금이라도 더 일찍 확실한 목표를 갖는다면, 대학생활은 물론이고 직장생활도 좀 더 보람 있고 의미 있게 보낼 것이라는 나의 생각은 확고부동하다. 생각해보니 나도 평소에 많은 대화를 하지 않던 아들에게 대학입학을 하자마자 군대에 먼저 다녀오라고 아들에게 말한 기억이 난다. 아마도 나의 대학생활을 경험으로 한 얘기라 생각한다. 물론 중국에서 대학을 다닌 아들녀석은 꿈쩍도 하지 않았지만 말이다.

지금은 잘 모르겠지만, 당시 대부분의 학생들이 대학에 입학하면 끔찍한 입시 스트레스에서 벗어난 것과 더불어 성인이 되었다는 두 가지 이유 있는 변화를 만끽하느라 학교수업을 대부분 등한시했다. 그래서 나는 군 입대 전에는 공부보다는 미팅과 술독에 빠져서 보낸 것 같다.

거기에다가 나의 대학시절은 시국이 아주 불안한 시기였다. 특히 대학 2학년 때는 학교수업을 받은 날보다 문 닫힌 학교 앞 주점에서 시국을 논하느라 술판을 벌였던 날이 더 많았다. 그래서 부모님들로부터 군대나 빨리 다녀오라는 핀잔 아닌 핀잔을 나와 친구들은 자주 듣곤 했다.

실제로 군대를 다녀온 대부분의 복학생들은 복지부동의 자세로 정말 열정적으로 학교수업에 참여했다. 뚜렷한 목표 없이 입시 해방감과 더불어 성인으로의 변신을 즐기느라 황금 같은 대학생활을 낭비하는 것에 대한 탈출구로, 당시에는 군대를 많이 선택했다. 언젠가는 당연히 다녀와야만 하는 국민의 의무도 깔끔히 해결하고 말이다. 물론 요즘은 고등학교를 졸업하고 바로 유학을 가는 학생들도 적지 않은 것으로 알고 있다. 하지만 그 학생들 모두가 성공적인 유학생활을 하는 것은 아니라는 신문기사를 읽은 적이 있다. 가장 큰 이유는 정확한 자기 자신의 목표 부재와 목표에 대한 논리적인 접근이 부족한 것이 아닌가 생각한다.

즉, 왜 유학을 갔는지, 왜 그 과목을 전공으로 선택했는지, 이러한 정체성 부족이 참 원인이 아닌가 생각한다. 다른 한편으로는 학교수업이 창의적인 토론 중심의 수업보다는 암기 중심의 주입식 수업으로 되어 있는 교육체계가 낳은 당연하지만 안타까운 결과라 생각한다. 아무튼 자기의 목표에 대한 좀 더 논리적인 분석과 접근이 필요하다고 생각한다. 그것이 진정한 본인의 꿈이라면 말이다.

얼마 전에 텔레비전 방송국에서 취재한 명문 고등학교의 몇몇 학생들 인터뷰가 생각이 난다. 명문대를 가기 위해 공부하는 것이 아니라 불우한 이웃이나 가난한 지구촌의 아이들을 위한 무언가를 하기 위해 공부한다는 것이다. 물론 대학은 그런 목표달성을 위해 거쳐야만 하는 중간과정이기에 준비한다는 것이다. 그것이 바로 그 학생들이 공부하는 목표이고, 그런 생각을 갖고 공부하는 학생들은 정체성이 확실하다고 생각한다.

생각해보면 나는 그 학생들보다 턱없이 부족한 학창시절을 보냈다. 하지만 우여곡절 끝에 어렵게 대기업에 입사했고, 그 일을 천직으로 알고 24년간 최선을 다했다. 하지만 앞서 소개한 학생들처럼 확실한 인생의 목표, 즉 나만의 확실한 정체성을 갖고 한 것이 아니기에 그 점이 너무도 아쉽다. 하지만 나름대로 최선을 다한 대기업 생활이기에 나와 비슷한 길을 선택한 분들에게 Role Model이 되기 보다는 내가 소개하는 경험을 참조해서 나보다 훨씬 나은, 더욱 가치가 있는 대기업 생활을 했으면 하는 바람이다.

그렇다고 해서 꼭 대기업 입사를 인생의 목표로 세우라는 것은 절대로 아니다. 무엇이든 자신만의 목표를 갖고, 그것을 달성하기 위해서는 어떻게 대학생활을 해야 하는지 나의 개인적인 경험을 토대로 방향을 제시해보고자 한다. 나의 대기업 생활을 두 단어만을 선택해서 표현한다면, 앞서 언급한 '열정'과 'Fun(재미)'이라고 생각한다. 최근에 많은 대학생들이 대기업에 대한 관심과 열기가 매우 높은 것으로 알고 있다. 조금 이르지만 나의 결론은 대기업 입사만을 위한 공부는 가능하다면 하지 말라는 것이다. 대학 졸업을 앞두고 마음이 급하신 분들께는 미안하고 좀 당황스러운 이야기지만 사실이 그렇다.

뒤에 이야기를 풀어가겠지만, 본인의 목표에 대한 마음가짐과 더불어 여러 가지 생활습관을 조금 일찍부터 변화를 준다면, 대기업뿐만 아니라 의미 있는 대학생활을 보내는 것은 물론이고, 따로 준비 없이 국내뿐만 아니라 세계의 모든 대기업에 Apply해서 성공할 수 있는 것은 물론이고, 본인의 꿈이 창업이라면 창업도 할 수 있는 역량과 자신감을 갖게 되리라 확신한다. 그리고 본인의 의지만 있다면 국내 대기업에 입사한 후에 경험을 쌓아 더 큰 무대에서 충분히 성공하리라 확신한다. 혹 아직 스스로 확실한 꿈이 없는 분들이 있다면 「빌리 엘리엇(Billy Elliot)」 이라는 영화를 한번 보길 적극 권한다.

차 례

머리말 • 4

제1장 캐비아 • 11

제2장 인생 1막 • 15

제3장 면접(Interview) • 21
    면접 • 22
    면접 복장 • 29
    면접 당일 식사 • 32
    면접실 엿보기 • 34
    입장 • 36
    자기소개 • 39
    학점 • 45
    본인의 장점과 단점 • 54
    인간관계 • 57
    투명성(transparency) • 59
    취미생활 • 63
    가치관 • 75

제4장 신입사원 ● 81
　　　　신입사원 연수 ● 82
　　　　부서 배치 ● 90

제5장 입사 3년 차 ● 103

제6장 과장 ● 117
　　　　과장 승진 ● 118
　　　　지역전문가 파견 ● 121
　　　　IMF ● 136

제7장 수석 ● 139
　　　　수석 ● 140
　　　　주재원 파견 ● 142
　　　　임원으로 가는 과정 ● 164

제8장 임원 ● 169

제9장 버킷 리스트 ● 179

제1장
캐비아

캐비아(Caviar)

'오르되브르(Hors-d'oeuvre)'란 불어로 전채요리를 의미한다. 열정의 시작은 무엇이든 새로움에 대한 관심이라고 생각한다. 전채요리는 우리가 일반적으로 알고 있는 것과 같이 주요리(Main Dish)의 맛과 향을 제대로 즐기기 위한 요리로, 정식 중국요리나 양식 코스(Course)요리에는 필수적으로 포함되어 있는 요리다. 하지만 나는 실제로 그렇게 느껴본 적은 별로 없었던 것 같다. 아마도 전채요리가 갖고 있는 그 자체의 맛을 즐긴 이유도 있고, 한식으로 성장해 온 음식문화 배경이 가장 큰 요인이 아닌가 생각한다.

하지만 늘 느끼는 것은 코스요리는 한식요리와는 달리 식사를 시작할 때부터 끝날 때까지 요리 관련 이야기를 하든지 아니면 다른 주제를 갖고 자연스럽게 이야기를 나눈다. 다시 말해서 전체적인 분위기가 식사를 한다기보다는 마치 이야기 모임을 하는 자연스러운 분위기로 연출된다는 것이다. 아마도 이것은 전채요리의 힘이 크다고 생각한다. 하지만 전채요리를 잘못 선택해서 전채요리의 맛과 향에 취해버리게 되면 오히려 주 요리의 진정한 맛을 느끼는 데 부정적인 영향을 끼칠 수도 있다고 생각한다.

전채요리도 당당한 요리의 한 장르(Genre)이니 충분히 그럴 수 있다고 생각하나, 그래도 전채요리로 인해 주 요리를 제대로 즐기지 못했다면 그날 선택한 전체적인 코스요리에 대한 평가는 좋지 않을 것이라 생각한다. 아무튼 이런 이유로 글에는 서론이라는 전채요리가 있다고 생각한다. 그러고 보니 글과 음식은 비슷한 속성을 갖고 있다는 생각이 든다. 캐비아. 나는 이상하게도 한번도 먹어본 적이 없는 캐비아를 늘 세상에서 가장 훌륭한 전채요리로 생각하고 있다.

전문적으로 캐비아는 전채요리가 아니라고 한다. 그럼에도 불구하고 아내와 언젠가는 지중해의 파란 바다가 내려다보이는 아름다운 식당에서 캐비아와 함께 와인을 마시며 대화를 나누는 꿈을 아직도 갖고 있다. 아무튼 대기업에서는 사원부터 부장까지의 과정이 전채요리에 해당하지 않나 싶다. 많은 부장들께서는 좀 서운하겠지만 사실이 그렇다. 굳이 비교를 하자면 그렇다는 얘기다.

부장까지의 생활을 잘하면 직장생활의 주 요리인 임원 생활을 맛보게 되는 것이다. 그 다음 코스인 디저트는 과연 어디일까? 생각해보니 사람마다 그 기준은 다를 수 있을 것 같다. 아무튼 이 기준으로 보면 나의 대기업 전채요리는 동료들에 비해 맛과 향이 좀 특별했다고 자부한다. 그러했기에 그것을 바탕으로 주 요리인 임원이라는 맛을 볼 수 있지 않았나 생각한다.

물론 코스요리의 화룡점정인 디저트를 먹지 못한 아쉬움은 있지만 말이다.

제2장
인생 1막

인생 1막

대학 졸업 후, 대기업에 입사해서 줄곧 앞만 보고 달려온 시간이 지금 되돌아보니 어언 만 24년이 되었다. 쉼 없이 앞만 보고 달리던 열차가 인생 1막이라는 종착역에 도착한 것이다. 이제는 바퀴도 좀 보고 엔진도 좀 확인하고, 인생 2막이라는 반대 방향의 종착역을 향해 다시 멋지게 달리기 위한 재충전의 시간을 갖고 있다. 생각해보면 대부분의 봉급쟁이는 다 마찬가지겠지만 정말이지 회사 일만 보고 달린 24년이었다.

아이들과 아내에겐 정말 미안한 마음이다. 재정적으로는 큰 어려움이 없었는지 모르겠지만, 다정다감한 아버지와 남편 노릇은 잘하지 못한 24년이었다. 사실 나만 그런 것은 아니라 생각한다. 나와 비슷한 나이에 대기업에 근무하신 분들 모두가 비슷한 삶을 살았을 것이라 생각한다. 그래도 선택은 내가 한 것이기에 아쉬움은 있지만 후회는 없다. 그래도 집사람의 헌신적인 내조로 아이들은 큰 문제 없이 잘 성장해주었다. 고마운 일이다.

이제 막 지천명이 지난 나이지만 퇴임하고 나니 요즘 화두가 되고 있는 인생 2막이라는 단어가 바로 피부에 와 닿았다. 늘 언젠가는 다가올 숙명과 같은 단어이지만, 막상 상면하고 나니 아직은 특별한 느낌은 갖지 못하고 있다. 아마도 막연한 종착역은 있지만 길이 없는 제2의 항해에 대한 두려움 때문일 것이라 생각한다. 마치 길 없는 몽고 초원 같은.

아무튼 고민하다가, 인생 2막이라는 항해를 출발하기 전에 나의 인생 1막 스토리를 차분히 정리해보기로 결심했다. 짧은 연륜과 경험이 턱없이 미흡한지라 감히 회고록이라는 단어를 언급하는 것은 무리가 있다고 생각한다. 하지만 누구의 인생이든 다 각자의 인생 스토리가 있다고 생각한다. 나 역시 길다면 길고 짧다면 짧은 24년간의 대기업 생활을 차분히 정리해보고, 두렵지만 새로운 열정으로 다시 펼쳐질 나의 인생 2막 항로를 설계하려고 한다.

나의 인생 1막 스토리에 대한 정리는 과거에 얽매이는 우둔함이 아닌, 과거의 우를 범하지 않고 보다 창의적이고 열정적이면서 그야말로 신바람 나는 멋진 인생 2막의 항로를 찾고자 함이다. 나의 인생 1막은 끊임없는 열정과 도전의 연속이었다고 생각한다. 하지만 모든 항해가 그렇듯이, 소리 없이 찾아오는 삶의 거친 파도와 모든 역경을 슬기롭게 잘 극복할 수 있도록 헌신해준 아내에게 가슴 깊은 사랑과 고마움을 느낀다.

아내는 내가 사랑하는 반려자이기도 하지만 가정으로 보면 위대한 여인이라는 것이 적절한 표현이 아닌가 생각한다. 적어도 나에겐 그렇다. 팔불출(八不出). 아마도 그런 아내에게 고마운 마음을 조금이라도 보답하기 위해서 아내와 같이한 인생 1막을 책으로 써서 꼭 주고 싶은 마음이 간절한지도 모르겠다. 나의 대기업 24년 기행문을 말이다.

단 두 달간의 중국여행을 연암 박지원 선생께서는 26권의 열하일기로 만대에 알렸으니, 나 역시 제대로 24년을 정리하려면 최소 100권은 필요하지 않나 싶지만, 그러기에는 나의 경험과 역량이 턱없이 부족하기에 한 권으로라도 잘 정리되었으면 하는 바람이다. 나는 사실 24년간의 직장생활을 정리하고 싶었지만 책을 쓸 생각은 하지 않았다. 하지만 나의 '버킷 리스트(Bucket List)'를 정리하면서 생각이 바뀌었다. 뒤에 언급되지만 버킷 리스트는 죽기 전에 꼭 하고 싶은 일들을 의미한다.

아무튼 나는 책을 직접 쓰는 꿈을 실천해보기로 한 것이다. 물론 내가 읽었던 스타 CEO 출신들의 책과는 감히 비교가 안 될 것이라 생각하지만, 나 스스로를 돌아보는 소중한 시간과 함께 대기업에 관심이 있는 분들이 대기업을 이해하는 데 미흡하지만 조그만 도움이 되었으면 하는 바람으로 쓸 생각이다. 책을 써본 경험도 없을뿐더러 기록으로 남기지 않은 것을 정리하는 것에 한계가 있지만, 앞서 언급했듯이 아직도 스토리로 머릿속에 선명이 남아 있는 내용 중심으로 사실적으로 정리할 생각이다.

그럼 지금부터 대기업 면접부터 임원까지의 나의 긴 여정을 출발해 보려고 한다. 어느 회사나 마찬가지겠지만, 임원이 된 다음에는 바뀌는 업무가 많다. 주로 회사 현안에 대한 의사결정을 하고, 주어진 회사의 목표를 달성하기 위한 전략수립과 그것을 달성하기 위한 모든 회사의 주요 업무를 현장에서 진두 지휘한다. 이렇게 회사의 경영실적과 관련된 중요한 업무가 대부분이지만, 그 외에 다른 중요한 업무도 모두 맡아서 처리해야 하는 책임과 의무가 막중하다.

그중 하나가 바로 입사 시즌에 대졸 신입사원에 대한 면접위원으로 활동하는 것이다. 신입사원은 바로 회사의 미래이므로 업무의 가장 우선순위에 놓고 회사의 모든 임원들이 필수적으로 참여하고 있다. 내가 면접위원으로 참여하면서 느낀 것은 대부분의 응시자들이 국가관, 가치관(자기의 철학), 특히 자기 전공에 대한 가치관 답변이 너무 부실하다는 것이었다.

따라서 가능하다면 조금 일찍부터 앞서 언급한 부분을 보완하고 생활화한다면, 대기업 입사는 물론이고 어느 기업에 입사한 후에도 훌륭하게 본인의 업무를 수행할 수 있다는 것이 내 생각이다. 물론 면접에 응시한 모든 응시자들이 뛰어난 인재라는 것을 부인하지 않는다. 그 어려운 과정을 다 통과하고 면접까지 왔으니 말이다. 하지만 면접위원 입장에서 보면 그렇다는 얘기다.

당연하지만 사회의 경험이 없는 대부분의 응시자들은 순수함과 열정은 있지만, 기업이 원하는 확실한 개성을 면접위원에게 보여주지 못하고 있다는 것이 내가 면접위원을 하면서 얻은 경험적 사실이다. 요즘 너나 할 것 없이 흔히 말하는 Spec 보완에 많은 학생들이 전력투구하고 있는 것으로 안다. Spec도 물론 매우 중요하다. 하지만 Spec보다 중요한 것이 바로 앞서 언급한 본인의 가치관, 즉 자기 자신에 대한 올바른 Identity라고 생각한다.

그것을 확인하는 자리가 바로 면접이라고 생각한다. 쉽지 않은 얘기다. 하지만 성공을 원하는 분들에게는 가장 중요한 요소라고 생각한다. 그래서 나는 면접위원을 하면서 얻은 경험과 내가 대학 졸업 후에 직접 경험한 면접 경험 스토리를 먼저 풀어놓으려 한다.

제3장

면접
(Interview)

면접(Interview)

　나는 대학 졸업 후 중소기업에서 아주 짧은 기간 동안 해외영업과 관련된 일을 잠시 경험하였고, 1986년 12월 1일 대기업에 공채로 입사했다. 사실 졸업하면서 중소기업을 선택한 것은 이유가 있었다. 나는 서울에 있는 한 대학을 다니고 있었는데, 군 입대 전까지의 학점이 그리 좋지 않았던 까닭에 복학 후에 정말 눈물 나게 최선을 다했지만, 학점은 2.99로 결국 3점을 넘기지 못하였다. 나에겐 정말 마의 3점이었다.
　제대 후의 학점만으로 기업에서 지원을 받았으면 하는 마음이 굴뚝같았지만 그런 기업은 당연히 없었고 있을 수도 없었다. 아무튼 나는 낮은 졸업 학점으로 인해 취업 지원과 관련하여 늘 많은 제약이 따라다녔다. 그리고 당시에는 글로벌 대기업이 국내에는 없었던 시기라 지금처럼 졸업반 학생들이 대기업을 많이 선호하지 않았다. 오히려 전망이 있는 중소기업을 많이 선택하던 시기였다. 나 역시 그런 마음으로 중소기업을 호시탐탐 노리고 있었다.

그리고 내 기억에는 당시에도 몇몇 공기업은 지금같이 인기가 대단했다. 나는 불행히도 졸업 학점이 3점은 넘어야 한다는 기본 Spec 제약에 걸려 공기업은 Apply를 해보지도 못하는 상황이었다. 아무튼 낮은 졸업 학점으로 인해, 나는 요즘 흔히 말하는 취업에 있어서는 심각한 Looser가 되어 있었다. 사실 복학 후 남은 3학기에 이미 까먹은 5학기를 좋은 학점으로 만회하기는 거의 불가능하다는 것을 뒤늦게 깨달았다.

그러던 어느 날, 복학 후에 학점 반전을 위한 나의 처절한 몸부림을 눈여겨봐주신 담당교수님께서 한 중소기업을 추천해주셨다. 처음으로 받은 교수님 추천이고 사회생활을 시작하기 위해 접하는 그야말로 첫 도전인지라 흥분된 마음을 좀처럼 가라앉히기 힘들었다. 도전 당일 시험장소에서 알았지만, 학점이 나보다 훨씬 좋은 같은 과의 몇몇 친구들이 시험장소에 이미 와 있었다. 당연히 나는 학점으로 인한 많은 불안감으로 교수님을 순간적으로 원망도 했었다.

그러나 다행히 그것은 기우였다. 아이러니하게도 학점이 제일 좋지 않은 나 혼자만 면접까지 통과해서 그 회사에 입사하게 되었다. 당일 먼저 진행한 이론시험은 아주 간략한 내용으로 응시자들 모두 별 차이 없이 통과했고, 결정적으로 내가 점수를 따게 된 것은 바로 면접(Interview)이었다. 세 명의 경영진이 면접을 했던 것으로 기억이 난다. 일반적인 질문이 오갔고, 마지막에 영어로 자기소개와 더불어 주어진 상황을 표현하는 생활영어회화 질문이 있었.

복학 후에 친구가 세탁소 아르바이트를 하던 한남동 외인아파트에서 캐나다 주부로부터 배운 어설픈 실용영어회화 실력이 생각지도 않은 곳에서 강력한 무기로 변하는 순간이었다. 물론 대단한 실력은 아니었지만, Native Speaker와 생활에 관련된 내용을 매일 대화하고 연습했기에, 다른 경쟁자들보다는 훨씬 자연스럽게 대응한 것 같았다. 내가 응시한 회사는 IT 관련 무역회사인 관계로 경영층에서는 단순한 영어시험보다는 상황에 대처하는 실질적인 회화실력을 기대한 것은 당연했고, 더불어 상황에 대처하는 순발력도 같이 보고자 그런 테스트를 하지 않았나 싶다.

사실 요즘에야 많은 학생들이 해외로 어학연수도 가고 유학도 가지만, 그 당시에는 대학생들이 영어회화를 배울 기회가 많지 않았다. 특히 적은 비용으로 배울 기회는 아주 적었다. 종교단체를 택하는 학생들도 있었는데, 비용은 아주 저렴하지만 지나친 종교적인 활동에 대한 부담으로 다들 오래하지는 못한 기억이 있다. 아무튼 변변치 않지만 지금 나의 영어실력은 그때 다져진 것이 아닌가 싶다. 실전경험을 핑계로 주말에 이태원의 외국인 전용 클럽에 간 경험도 조금은 도움이 된 것 같았다.

아무튼 작은 것이라도 목적을 갖고 즐기면서 열심히 하면 언젠가는 좋은 결과로 돌아온다는 것을 그때 처음 경험했다. 그렇게 중소기업에 입사해서 졸업 전에 꿈에 그리던 취업을 했고, 더불어 선망했던 해외영업 업무를 하면서 해외에서 방문하는 인력들과 열정적으로 교류하며 해외영업 업무를 배워나갔다.

그러던 어느 날, 나는 해외에서 방문한 50대 초반의 화교 엔지니어를 데리고 굵직한 계약하기 위한 전초전으로 국내의 대기업 연구소를 방문하여 연구원들과 기술회의를 주관하였다. 그날 나는 회의를 주관하면서 문득 '나도 대학 4년간 전자공학을 전공했는데 왜 그것을 활용하지 못하고 있는 것일까?'라는 회의(懷疑)가 갑자기 나의 가슴을 파고들었다.

당시 사회 경험이 전무했던 나는, 해외영업이라는 것이 어설픈 영어로 해외에서 온 손님들을 데리고 다니면서 모든 것을 다 챙겨주고, 그들이 원하는 것은 무엇이든 만족시켜야 하는 굴욕적인 일이라고 조금씩 마음속으로 회의를 느끼고 있었다. 전공을 갖고 있는 나 같은 젊은 청년이 하기에는 가치가 없는 일이라고 판단했던 것 같다. 그야말로 냉혹한 사회의 세상물정을 모르는 철부지 시기였다.

지금 생각해보면, 나는 확실한 꿈과 목표가 없이 입사했던 것 같다. 일단 오로지 일을 얻는 것이 최대 목표였던 것이다. 발등에 불 떨어진 상황에서 학점 Looser들이 겪는 공통점이 아닌가 생각한다. 아무튼 만약에 내가 해외영업을 오래전부터 준비해왔고, 꼭 이루고 싶었던 꿈이 그것이었다면 아마도 당시 일어났던 모든 것을 나의 미래를 위한 소중한 경험으로 생각하고 참고 즐기면서 보다 열정적으로 열심히 했을 것이다. 물론 나의 모습도 지금과는 좀 다른 모습이었을 것이라 확신한다.

아무튼 그날 나는 바이어를 정중히 호텔까지 바래다준 후 퇴근길에 상사에게 전화를 걸어 사표를 내겠다는 의사를 밝혔다. 세계 최고의 엔지니어가 되기 위한 꿈을 한번 실현해보고 싶었고, 그러기 위해서는 중소기업이 아닌 대기업에 입사해서 일을 먼저 배우는 것이 옳다고 판단했다.

다음 날, 출근해서 회사에 정식으로 사표를 냈다. 마지막으로 사장님과의 면담에서 다시 한 번 신중하게 생각해보라는 사장님의 퇴사 만류 말씀이 지금도 생각이 난다. 당시 나는 너무 젊었고, 나의 짧은 사회경험으로는 마치 세상의 모든 일을 다 할 수 있을 것 같은 자신감과 열정이 가슴에 가득한 시기였다.

내가 대기업으로 가야겠다고 판단했던 것은 아마도 나의 대학 전공을 활용하지 못하는 해외영업이라는 일에 대한 불만족도 있었지만, 업무 차 방문한 많은 대기업의 연구소에서 나 스스로 보고 느낀 경험으로 판단했다고 생각한다. 아마도 모든 것을 찾아 본인이 스스로 해야 하는 중소기업과 달리 체계적이고 규모와 Process가 있는 대기업을 흠모했던 것 같다.

지금 생각해보면 처음 취업한 중소기업에서 일을 계속했더라면, 일은 더 많이 배웠을 것 같다. 특히 세상을 살아가는 지혜는 지금보다 더욱 깊고 풍부했을 것이라 생각한다. 계속 그 일을 했더라면 아마도 중소기업에서 배운 노하우를 바탕으로 지금은 아마도 조금만 무역회사를 하나 경영하고 있지 않을까 생각한다.

아무튼 대기업은 모든 업무가 각 부문의 업무로 나누어져 Process에 따라 움직이는 까닭에 본인이 모든 것을 다 챙겨서 하는 일은 거의 없다. 즉, 관련된 부문과의 협업을 통해서 하고, 본인이 해당되는 분야만 책임지고 하면 되는 것이다. 중소기업은 당연히 다르다. 거의 모든 것을 본인이 다 해야 한다.

예를 들어 본인이 필요한 샘플을 확보하는 경우에도 중소기업은 본인이 직접 샘플을 찾아서 구매해야 하고, 통관도 직접 필요한 서류를 꾸며 세관에 가서 통관을 해야 한다. 그래서 통관을 한번도 해본 적이 없었던 나는 초기에 세관원과 잦은 마찰로 업무상 많은 어려움을 겪었다. 통관을 포함해서 사회의 각 분야는 각 분야만이 갖고 있는 Process와 문화가 있다는 것을 그때 확실하게 배웠다.

아무튼 사표를 낸 뒤, 몇 개월간 필기시험을 준비해서 대기업에 도전했고, 마침내 마지막 관문인 면접을 무사히 통과하여 드디어 꿈에 그리던 대기업에 입사하게 되었다.

그 당시에도 면접과 관련해서는 지금과 비슷한 수준의 소문이 많았다. 응시자들이 눈치 채지 못하도록 어딘가에 관상을 잘 보는 분이 그룹 회장님과 같이 앉아서 응시자들의 관상을 본다는 얘기도 있었고,

면접에서 반 이상이 떨어진다는 얘기도 있었다. 특히 같은 학교 몇몇 친구들은 이미 면접에서 떨어져 그해 나와 같이 재도전하고 있는 상황으로, 다들 면접에 내심 긴장된 마음으로 임했던 기억이 난다.

  면접 당일, 단벌인 검정색 양복과 넥타이를 매고 나름대로 최대한 멋을 내어 면접장소로 간 기억이 생생하다. 한 가지 주제로 5~6명이 집단토론을 한 것과 임원면접에서는 많은 질문이 있었는데 첫 봉급을 어떻게 사용할 계획이냐는 질문을 받은 것만 기억이 난다. 유치하지만 통념대로 어머니 속옷을 사드리고 나머지는 고생하신 어머니께 드리겠다고 한 나의 소박한 답변 역시 기억이 생생하다. 그것은 사실이었고, 첫 봉급을 받아서 그렇게 했다.

  아무튼 첫 봉급에 대한 전설은 유치하지만, 그땐 이렇게 답변하는 것이 거의 정설이었고 사실이었다. 그 당시는 내복을 입지 않고 겨울을 나기가 쉽지 않은 시절이었다. 그래서 나이 드신 분들께 가장 좋은 선물이 바로 내복이었다. 이렇게 나의 사회 첫 경험을 소개하는 것은, 지금부터 누구나 사회생활을 하려면, 특히 대기업에 입사하려면 꼭 통과해야 하는 면접에 관해 이야기를 먼저 풀어가려고 한다.

  대기업의 면접은 대학생활은 물론이고 인생 전체를 시험대에 올리는 자리다. 면접위원들은 직접 응시자들과의 대화를 통해서 짧은 시간 안에 응시자들의 모든 것을 이해하고 회사에 적합한 인재인지를 판단해야 한다. 면접은 대기업뿐만 아니라 어느 회사든 입사를 원할 경우에는 꼭 거쳐야 하는 마지막 관문인지라 면접부터 소개할 생각이다.

  물론 면접 전에 넘어야 할 높은 수준의 이론 시험은 굳이 다른 노하우가 없다고 본다. 평소에 열심히 공부하는 것 외엔 말이다. 하지만 어떤 마음가짐으로 할 것인지는 아래의 내용을 읽으면 역시 도움이 되리라 생각한다. 어느 학부모가 텔레비전에서 인터뷰를 한 내용이 생각난다. "학원에 가는 모든 학생들이 좋은 성적을 받는 것은 아니라고 생각합니다. 학원에 가서 열심히 하고자 하는 학생들만이 성적이 좋지요. 그래서 저는 우리 아이들을 학원에 보내지 않습니다. 하지만 아이들에게 공부를 해야만 하는 당위성을 설명하고 아이들이 스스로 공부를 하게끔 영감을 줍니다." 당연한 이야기로 치부할 수 있지만 공부를 하겠다는 본인의 마음가짐이 무엇보다도 중요하다는 것은 아무도 부인할 수 없을 것이라 생각한다.

먼저 면접을 나의 경험 기반으로 설명하는 순서는, 입장부터 퇴장까지 모든 면접에 관련해서 있는 그대로 정리해보려고 한다. 대부분 대기업에 입사를 준비하는 학생들은 면접에 관련해서 학원도 다니고 친구들과 같이 많은 연습하고 있는 것으로 안다. 하지만 결과론적으로 면접위원 입장에서 볼 때, 투자에 대비해서 효과는 그리 좋지 않다고 생각한다. 왜 그럴까? 면접은 짧은 기간에 준비할 수 있는 것이 결코 아니기 때문이다. 하지만 본인이 스스로 부족하다고 느낀 것은 열심히 준비하는 것은 좋다고 생각한다.

비록 아날로그시대에서 디지털시대로 변화되었어도, 각 기업이 갖고 있는 고유문화와 기본적인 사상은 변하지 않는다. 기업환경 대부분이 IT 기반으로 변했어도, 기업은 결국 사람에 의해 움직이기 때문이라 생각한다. 따라서 면접은 앞서 언급했듯이, 바로 인간성에 대한 청문회라고 생각한다. 청문회라는 단어가 적절한지는 모르겠지만, 응시자들이 대기업에서 요구하는 올바른 인간성과 정체성을 갖고 있는지를 확인하는 것이 바로 면접이라고 생각한다.

대기업은 응시자들이 올바른 인간성과 정체성만 갖고 있으면 나머지는 입사 후에 육성할 수 있다고 확신하기 때문이다. 그리고 그것은 내 경험으로 보면 틀린 얘긴 아니라고 확신한다.

면접 복장

나 역시 면접에 참석하라는 통지서를 받고 가장 먼저 고민했던 것이 바로 복장이었다. 지금도 다 비슷하지 않나 싶다. 그때도 그랬지만 지금도 일반적으로 면접을 초청한 회사에서 추천하는 면접 복장이 있을 것이라 생각한다. 그것을 기본으로 해서 갖추면 큰 무리가 없다고 생각한다.

복장 역시 당일에 아주 중요한 Factor는 아니지만 면접위원들에게 첫 인상을 주는 인자임에는 틀림이 없으므로 개성을 살리되 가능한 너무 튀지 않게 하는 것이 좋다는 의견이다. 만약에 튈 생각이라면 자신감을 갖고 멋지게 Styling하면 확실한 플러스 요인이지만, 쉽지 않을 것이라 생각한다.

남자분들께 굳이 한 가지 Tip을 준다면 검은색 정장에 흰색 양말은 가능한 지양했으면 하며, 여자분들은 너무 짧은 스커트나 너무 화려한 복장으로 면접위원들의 시선 처리를 곤란하게 하는 복장은 지양했으면 한다. 일단 복장으로 면접위원들이 심하게 피곤함을 느끼면 좋은 점수를 얻긴 쉽지 않다고 생각한다.

참고로 직장생활을 하면서 옷 잘 입는 방법에 대해서는 입사 후에 참여하는 신입사원 연수과정에서, 스타일과 관련하여 대한민국 최고의 스타일리스트들이 진행하는 멋진 강의를 들을 수 있다. 그때 한 수 배워서 자신만의 스타일을 맘껏 발휘하면 된다. 특히 요즘은 창조적 업무를 중요시하는지라 정장 업무보다는 자기만의 개성을 살린 복장을 회사에서 권하는 추세이다. 기본적인 Guide는 있지만.

참고로 내가 근무했던 회사는 몇 년 전부터 No Tie로 바뀌었다. "You can be serious without a suit." 이 문장은 정장을 입지 않고도 진지하게 일할 수 있다는 의미의 Google사 십계명 중 하나라고 한다. 형식보다는 실리를 추구하자는 실사구시의 의미라고 생각한다. 아직 국내의 대기업은 대부분 정장업무를 권장하고 있고, 그렇지 않은 회사도 공식적인 대외 업무는 상대를 존중하는 의미로 아직도 Tie를 맨 정장을 추천하고 있다.

각 기업마다 갖고 있는 문화에 따라 조금씩 차이가 있다고 생각한다. 그렇다고 면접 당일 혼자만 튀겠다고 No Tie로 임하는 것은 조금 위험하지 않을까 싶다. 가능한 면접을 주관하는 회사에서 추천하는 복장으로 임했으면 한다. 아무튼 복장도 면접 당일에는 이야깃거리가 됨을 기억하기 바란다.

헤어스타일은 그냥 무난한 것이 좋다고 생각한다. 만약에 평범하지 않은 스타일을 하고 싶다면 질문을 각오해야 하고, 그에 대한 답변은 물론이고 그만한 개성과 인상을 줄 수 있으면 된다.

그렇지 않으면 평범한 스타일이 가장 좋다고 생각한다. 개성을 강조하는 시대이지만 본인과 분위기를 맞춰주는 절제된 개성도 가끔은 중요하다고 생각한다. 따라서 기우이지만 지나친 Colorful dyed hair나 너무 튀는 스타일은 지양하고, 가능한 단정한 스타일로 성실한 분위기를 연출하길 권한다.

면접 당일 식사

나는 개인적으로 긴장할 때 커피를 마시면 소화가 잘 안 된다. 그래서 회사에 근무할 때에도 중요한 업무 관련 프레젠테이션을 할 때에는 커피를 마시지 않았다. 본인 스스로 자신의 체질을 잘 알고 있을 것이다.

식사야 평소와 같이 하면 되는 것이 아닌가 하고 생각할 수 있다. 틀린 얘기는 아니지만, 모든 사람이 다 그렇지는 않을 것이라 생각한다. 따라서 본인이 긴장을 많이 하는 체질이면 아주 간단히 본인의 체질에 맞게 아침을 먹고, 점심도 가능하면 위에 부담을 주지 않는 것으로 간단히 하길 권한다. 긴장하면 소화기능이 현저히 떨어지기 때문에 당일 컨디션에 많은 영향을 준다.

소화기관에 문제가 생겨 발생하는 긴급한 상황은 면접에서는 그야말로 최악의 상황이다. 그리고 당연하지만 점심식사를 한 후 면접실에 입장하기 전에 필히 거울을 보고 몸가짐을 단정히 하는 것은 기본이다. 긴장으로 인해 소화에 정말 자신이 없으면 식사를 하지 않는 것도 최선의 방법이라 생각한다. 말하는 힘은 좀 떨어지겠지만 말이다.

요즘은 면접이 끝나면 오후에는 각 면접장의 분위기와 면접위원의 인상 착의는 물론이고 질문의 내용까지 인터넷과 트위터 등의 여러 매개체를 통해서 전국적으로 공유되어 이미 많은 분들이 알고 있겠지만, 그래도 많은 분들이 궁금해 할 것 같아 내가 면접을 담당했던 회사의 면접실 분위기를 간략히 스케치해보고자 한다.

면접실 엿보기

　대부분의 기업이 준비하는 면접 장소는 비슷하리라 생각한다. 그리고 면접실의 환경 역시 시대 변화에 따라 조금씩 변해간다고 생각한다.

　대부분이 각 그룹의 본사가 있는 건물에서 진행된다고 본다. 참고로 당일 면접을 위한 출발은, 당연하지만 교통상황을 감안해서 조금 일찍 출발해서 면접장에 도착하는 것이 좋을 것 같다. 도착해서 미리 회사도 한번 둘러보고, 준비되어 있는 차와 커피 등을 자기 취향에 맞게 마시며 대기하는 것도 긴장을 푸는 데 도움이 된다고 생각한다. 본인들의 생체리듬에 맞게 조금 일찍 도착해서 컨디션을 조절하면 긴장을 푸는 데 생각보다 훨씬 효과가 있을 것으로 생각한다. 이미 알고 있는 바와 같이, 당일 지각은 어떤 이유이든 허용되지 않는다.

　내가 근무한 회사의 경우는, 통상 당일 두 가지 면접을 진행했다. 각 부문의 수석 급 혹은 차장급이 주관하는 집단토론 방식으로 진행하는 전공 면접이 있고, 다른 하나는 응시자들이 한 명씩 들어가서 면접하는 임원 면접이다.

　면접 장소 부근에 도착하면 회사측 진행요원들이 모든 것을 자세하게 안내해주고 주변 건물에 안내서가 부착되어 면접 장소를 찾아가는 어려움은 없다. 먼저 정해진 시간에 전부 모인 대강당에서 당일 면접과 관련하여 전반적인 오리엔테이션을 하고, 각 회사마다 다르겠지만 일반적으로 두 개 조로 나누어서 한 조는 임원 면접을 하고 다른 조는 전공 면접을 진행하며 당일 두 개의 면접을 다 보게 된다.

　시간은 각 조별로 조금 차이는 있지만 통상 오후 5시경에 대부분 마무리되었다. 그중에서 내가 담당한 임원 면접실을 한번 돌아보자. 각 기업마다 아주 조금씩 차이는 있으리라 생각한다. 임원 면접실에는 통상적으로 4명의 면접위원이 있다. 각 사에서 파견된 인사부장 한 명과 임원 세 명으로 구성되어 있는 것이 일반적이다.

　면접위원들의 정면에는 면접 응시자가 앉도록 의자가 하나 준비되어 있고, 면접위원들의 책상에는 노트북 PC가 하나씩 놓여 있다. 거기에는 면접 응시자들이 제출한 모든 Profile이 자세하게 정리되어 있다. 자기소개서, 학점 등등. 안내요원의 안내에 따라 각 조별로 이동해서 면접실 앞 의자에 앉아 대기하고 있으면, 각 면접실 앞에 대기하고 있는 진행요원들이 입장에 대한 안내를 자세하게 해준다. 앞에서 언급한 것과 같이, 면접실 환경도 IT환경과 시대적 요구에 따라 조금씩 변하고 있지만, 지금의 면접실 환경은 내가 입사할 때와 굳이 비교해도 크게 달라진 것은 없다고 생각한다.

입장

　안내요원이 입장하라고 알려주면 그때부터 면접이 시작된다. 대기하는 시간에 책 한 권을 당일에 갖고 가서 읽는 것도 그리 나쁘지 않다고 생각한다. 입장은 사전에 교육 받은 대로 하면 되고, 잊었다 싶으면 두 번 정도의 노크를 가볍게 하고 문을 열고 입장하면 된다.
　면접실의 문을 열고 들어가면 바로 면접위원들과 눈이 마주치게 된다. 그것이 면접의 첫인상이 된다. 많이 연습하고 오겠지만, 일단 문을 열고 들어오는 순간 대부분 긴장을 많이 하고 있고 당연히 표정도 각양각색이지만, 대부분 긴장을 한 탓에 경직된 모습으로 입장한다.
　그러면 어떻게 입장하면 가장 편안하게 면접위원들의 질문에 긴장하지 않고 답변할 수 있을까? 일단 입장하기 전에 호흡을 길게 하고 입장한다. 그리고 나의 꿈을 이루기 위해서는 이 회사에 꼭 입사해야 하는 것이고, 입사하기 전에 이 회사의 임원들에게 신입사원으로서 나를 소개한다고 편안하게 생각하면 된다. 이런 마음으로 자연스럽게 면접위원들과 첫 만남을 즐기기 바란다.

입장하면서 면접위원들과 눈이 마주칠 경우에는 가벼운 미소로 대응하면 되고, 면접위원들 앞에 준비된 의자 앞에 서서 지나치지 않게 정중히 인사하고 서 있으면 된다. 우리가 아는 백화점식이 아닌 절제된 예의를 넣어서 정중하게 인사하면 된다.

면접실 문부터 의자까지의 거리는 멀지 않지만, 걸음은 평소와 같이 보통 걸음으로 편안하고 당당하게 걸으면 좋을 듯하다. 걸음걸이가 꾸부정하거나 너무 방정맞게 걸어도 대세에 큰 영향은 없지만, 그래도 첫인상이 좋지는 않을 것 같다. 올바른 걸음도 사회생활에서는 중요하다고 느끼는 것이 바로 이때부터가 아닌가 싶다. 그렇다고 너무 걸음에 대해 민감할 필요는 없다. 하지만 평소에 걸음이 남들과는 확연하게 다르다고 느끼시는 분들은, 집에서 거울을 보고 올바른 걸음 연습을 해보는 것도 좋다고 생각하며, 향후 사회생활을 위해서라도 지금부터 고치겠다는 생각을 갖고 조금씩 고쳐가길 권한다.

인사를 한 후에는 면접위원이 앉으라는 얘기가 있기 전에는 가능한 한 앉지 않는 것이 예의라고 생각한다. 면접위원이 앉으라고 하면 차분히 의자에 앉으면 된다. 앉은 다음에 시선은 정 중앙에 있는 면접위원을 편안한 마음으로 응시하고, 경직된 얼굴보다는 가벼운 미소로 밝은 모습을 보이면 좋을 것 같다. 가식적으로 너무 심하게 웃어 보이면 성실성이 떨어질 수 있다. 평소에 인상이 좋다는 말을 듣는 사람이 있는 반면, 그 반대의 경우도 있다. 반대의 경우는 필요하다면 거울을 보고 자신의 표정을 지금부터 바꿔보기 바란다. 살인 미소.

첫인상에 대해서는 많이 들어왔겠지만 특히 사회생활을 하면서 첫인상은 아주 중요하다. 그리고 이것은 쉽게 고쳐지는 것이 아니므로 아주 많은 시간에 걸쳐 거울을 보고 연습한 후에야 비로소 자연스러운 인상으로 변할 수 있다고 생각한다. 사실 나는 첫인상이 좀 차갑다는 말을 많이 들었다. 아마도 직급이 올라가면서 과중한 업무 때문에 나도 모르게 차가운 인상으로 변하지 않았나 싶다.

그리고 시선처리도 쉽지 않은데, 면접위원과의 시선은 절대로 피하지 말고 가운데 있는 면접위원을 자연스럽게 바라보면 되고, 그 다음부터는 질문하는 면접위원에게 집중하는 자세로 시선을 주면 좋을 듯하다.

양손은 가볍게 겹쳐서 배꼽 아래에 가볍게 놓거나 아니면 양 무릎 위에 자연스럽게 놓으면 좋을 것 같다. 너무 딱딱하게 군인과 같은 경직된 자세나 억양보다는 가능한 자연스러운 자세와 부드러운 말씨가 좋다.

앉는 자세 역시 긴장해서 턱을 너무 올리거나 시선처리가 잘못되는 경우가 많은데, 턱은 아래로 약간 당기고 시선은 앞에서 설명한 것과 같이 정 중앙의 면접위원을 약간의 미소와 함께 응시하면 좋을 듯하다.

허리는 곧게 펴는 것이 구부정한 것보다는 좋을 것 같다. 다리의 경우는 남자는 약간 벌려서 편하게 앉아도 되지만, 여자의 경우는 발을 모으고 편하면서 단정한 모습으로 앉으면 된다. 앉는 자세가 단정하면서 편하고 시선처리가 자연스러워야만 답변 역시 쉽게 할 수 있다고 생각한다.

여기까지가 입장이다. 시작이 반이니 마음 편하게 잘 입장했고 면접위원들과 인사도 잘 나누었으니, 면접의 반은 성공한 것이다? 미안하지만 반은 맞고 반은 아니다. 긴장이 어느 정도 풀어졌다면 반은 맞는 것이다. 하지만 이제부터야말로 본격적으로 면접이 시작된다. 응시자들의 Profile은 이미 면접위원들이 보았거나 준비된 PC를 통해 각 항목별로 자세히 보면서 질문이 시작되며, 일반적으로 첫 질문은 인사부장이 주로 한다.

자기소개

　질문에 앞서 분위기에 따라 다르지만, 일반적으로 대부분 응시자들이 긴장하고 있기에 면접위원들은 응시자들이 가능한 편안한 분위기에서 면접을 할 수 있도록 몇 가지 가벼운 질문을 던지는 경우가 많다. 예를 들면 아침에 어떻게 왔는지, 식사는 했는지, 회사를 본 첫인상이 어떠하였는지 등의 가벼운 질문을 하면서 응시자들의 긴장을 풀어주기 위해 많이 노력한다.

　하지만 내 기억으로는 거의 대부분은 그렇게 해도 역시 긴장해서 첫 질문인 자기소개를 제대로 하지 못하는 경우가 대부분이었다. 심한 경우는 너무 긴장을 해서 울음을 터트리는 응시자들도 있었다. 아마도 이 부분이 마음에 걸리는 분들은 집중적으로 극복하는 방안을 미리 찾아보는 것이 좋을 듯하다.

　그리고 이러한 질문은 있는 그대로, 느낀 대로 편하게 면접위원들과 대화하면 된다. 가능한 워밍업 단계에서 호흡을 조절하고 긴장을 최대한 풀길 권한다. 당일 현장에서 긴장을 푸는 가장 좋은 방법은 목소리의 톤을 일단 좀 낮추고 호흡을 크게 하는 것이 임시방편이다. 그렇다고 면접위원이 답변을 알아 듣지 못할 정도로 목소리를 작게 하라는 것은 아니다. 발표도 너무 큰 목소리로 하면 꼬이기가 쉽다. 듣는 사람도 불편하고 지나치면 피곤하다. 따라서 적당한 대화 톤으로 답변하는 것이 가장 좋다고 생각한다.

당연하지만 긴장하면 일단 대답이 엉키게 되고, 엉키면 질문이 잘 들리지 않게 되고, 질문이 잘 들리지 않으면 답변이 동문서답으로 나오는 끔찍한 연쇄반응으로 이어진다. 더불어 자신감이 부족하다는 오해를 받을 수 있으므로 긴장을 푸는 방법은 사전에 각자의 방법에 따라 극복할 수밖에 없다.

내 경험에 의하면, 긴장을 극복하는 가장 좋은 방법은 아마도 토론이나 발표에 적극적으로 참여하는 것이라 생각한다. 그리고 가장 위험한 것은 모든 것을 시나리오처럼 외우는 것이다. 본인이 만든 시나리오대로 연기하다가 갑작스러운 면접위원의 예상하지 못한 질문에 끔찍한 연쇄반응을 보인 응시자들을 많이 봐왔다. 어떤 응시자들은 처음부터 다시 하겠다고 떼를 쓰는 경우도 있다. 가능하다. 하지만 통상적으로 큰 반전은 없다. 그래도 면접위원들은 친절하게 기회는 준다. 우수한 인재가 긴장으로 인해 불이익을 당하는 것을 원치 않기 때문이다. 하지만 계속적으로 연쇄반응을 보일 경우는 이미 가혹한 점수가 PC에 저장되어버린 후일 것이다.

아무튼 면접위원들이 최선을 다해 응시자들의 긴장을 풀어주려고 노력은 하지만 면접위원들이 여기에 많은 시간을 할애할 수 있는 상황은 아니다.

아무튼 간략히 자기소개를 시작으로 면접이 시작된다. 이 질문은 사실 응시자에 대해서 간략히 이해하고자 하는 목적도 있고, 면접을 풀어가는 하나의 과정이기도 하다. 따라서 간략한 가족소개와 더불어 성장과정을 아주 간략히 소개하면 될 것 같다. 가장 좋은 것은 본인이 미리 제출한 자기소개를 간략하게 얘기해주면 된다. 요즘에는 자기소개서를 전문적으로 작성해주는 곳이 있고, 한 건당 수십만 원에서 수백만 원까지 받는다고 한다.

개인적으론 잘 이해가 가질 않는다. 사실 제출한 자기소개서를 현실적으로 면접위원들이 자세히 다 읽어볼 시간이 없다. 그래서 본인으로부터 직접 짧게 소개를 받고자 하는 것이다. 따라서 앞에서 언급한 것과 같이 본인의 성장배경과 가족, 인생관, 취미 등에 대해서 이야기하면 되는 것이다.

하지만 여기서 너무 부담을 갖지 않아도 된다. 그리고 자기소개를 위해서 너무 많이 연습을 한다고 해서 좋아지는 것은 아니라고 생각한다. 평소에 자신에 대한 정체성과 더불어 본인의 꿈이 확실하다면 말이다. 연습하더라도 실제 상황에서는 대부분 사전에 준비한 내용을 시나리오를 외워서 발표하듯이 한다. 아무리 자연스럽게 해도 외워서 하는 것은 면접위원 입장에서는 식상할 수밖에 없다. 거의 대부분 응시자들이 연습을 한 외운 내용을 전쟁에 나가는 장수가 출사표를 던지듯이 다 쏟아낸다.

어떤 분들은 연극처럼 유치한 퍼포먼스를 섞어서 하는 경우도 많다. 젊음에 대한 패기로 가끔 점수를 주는 면접위원도 있겠지만, 짧은 면접시간에 대부분 연습에 비해 좋은 효과를 얻을 수 없다는 것이 내 생각이다. 어찌되었든 요즘 같은 창의적인 시대에 외운 시나리오는 결코 좋은 인상을 줄 수 없다. 있는 그대로 간략히 소개하는 정도로 준비하면 된다.

나 같은 경우에는 가끔 영어로 자기소개를 해보라고 질문하는 경우가 많았다. 아이러니하게도 TOEIC 점수가 상당히 높고 해외연수를 1년씩 다녀온 경험을 본인이 제출하고도 현실적으로 면접장에서 당당하고 자연스럽고 짧게 영어로 자기소개를 잘했던 응시자를 본 적이 없었다. 영어에 대한 부담이야 누구에게나 다 있고, 쉽지 않다는 것은 인정한다. 하지만 내 생각에는 곧 영어 인터뷰 시대가 온다고 생각한다.

현실적으로 한국의 대부분 기업들이 수출에 많은 비중을 두고 있고, 사업장이 국내뿐만 아니라 전 세계에 퍼져 있으므로, 뒤에 자세히 설명하겠지만 영어라는 것은 세계의 사업장과 소통하기 위한 공용 언어이므로 거부감을 갖는 자체가 시대에 어긋나는 발상이라 할 수 있다.

아무튼 응시자들에 대한 일반적인 영어 수준은 많은 인원이기에 부득이 이론적 시험을 통해서 결정되지만, 본인이 사는 도시, 호텔 Check in/out, 식당에서의 음식 주문(풀 코스로), 공항에서의 Ticketing, 병원, 백화점 등 상황에 따른 기본적인 생활회화를 구사할 수 있는 능력과 더불어 자기소개 정도는 자연스럽게 할 수 있도록 평소에 영어공부를 할 때 중점적으로 연습해서 습득하길 강력히 권한다. 이러한 상황 설명과 자기소개를 자연스럽게 할 수 있게 되면, 영어는 어느 정도 한다고 본인 스스로도 판단할 수 있다고 생각한다.

다시 강조하지만, 영어 공부할 때 이론시험만 목표로 할 것이 아니라 이러한 실질적인 상황표현회화 능력을 꼭 챙겨서 습득하길 권한다. 대부분 점수 위주의 공부는 실전에서는 그렇게 위력을 발휘하지 못하고 인정받지 못한다. 가끔은 이론시험의 고득점에 대한 오해도 유발한다. 아무튼 확실한 것은 영어면접시대가 곧 온다는 것이고, 잠시 소개하자면 대기업은 이미 회사 내 문서나 회의자료 그리고 발표도 영어로 이미 시작했고, 회사 내에서 영어로 말하는 시대가 곧 온다는 것을 꼭 기억하고 지금부터 미리 준비하길 권한다.

더불어 이미 몇몇 기업들은 임원들을 아예 외국에서 뽑는 상황이다. 우리에게는 힘겨운 일이지만 회사 입장에서 보면 가장 좋은 글로벌 환경구축을 위한 전략이다. 향후 몇 년 뒤에는 공장의 작업자 역시 해외 인력으로 충당해야 하는 경우가 생긴다고 확신한다. 이유는 출산율이 지속적으로 낮아지고 있고 더욱이 일부 사업장은 야간 근무가 필수적이나, 당연한 트렌드겠지만 국내의 경우는 이미 젊은 근로자들의 업무 성향이 급여보다는 근무조건을 중시하는 추세로 급격히 변하고 있기 때문이다. 이미 고등학교를 졸업하는 대부분의 학생들이 보수가 상대적으로 좋은 산업현장보다는 근무 조건이 편한 서비스업을 선호하고 있다. 따라서 해마다 각 사의 인사부서는 고졸 신입사원을 모시는 전쟁을 치르고 있다.

또한 최근에는 글로벌 역량 강화를 위해 외국어 회화능력을 겸비한 유능한 경력사원 역시 적극적으로 기업에서 채용하는 추세이므로 본인의 커리어 관리를 위해서라도 실용적인 영어회화는 지금부터라도 열심히 습득하길 권한다. 한국 기업이지만 자신의 목표관리와 Report를 보고받는 사람이 한국어를 모르는 외국인이라고 생각하고 미리 준비하면 좋을 것 같다.

영어의 중요성은 나중에 다시 얘기하고, 자기소개는 앞서 언급했지만 일반적으로 면접위원들이 응시자들에 대한 일반적인 정보를 얻고자 하는 것이며, 더불어 면접위원들이 질문할 먹을거리를 찾고 있다는 것을 기억하기 바란다.

면접은 면접위원들과의 대화라고 생각하면 된다. 따라서 본인의 취미에 대해 간략히 소개하는 것도 좋다고 생각한다. 취미는 본인이 소개하지 않아도 면접위원들이 꼭 물어보는 질문 중의 하나이다. 뒤에 가서 취미는 따로 다시 언급하겠지만, 취미생활은 업무 성과와도 간접적으로 연관된다고 생각하면 된다. 이렇게 간략한 자기소개가 마무리 되면 임원 면접위원들의 질문이 시작된다.

다시 정리하자면 간략한 자기소개이므로 너무 부담을 갖지 말고, 간략한 나의 성장과정과 대학에서 어떤 전공으로 졸업했고, 어떤 꿈을 갖고 본 기업에 출사표를 던졌는지 그리고 간단한 가족관계와 취미 정도면 되는 것이다. 즉, 내가 누구인지를 간략하게 소개하는 정도로 이해하기 바란다.

사실 응시자들보다 더 어려운 것이 면접위원들이다. 왜냐하면 짧은 시간 내에 응시자들의 열정과 회사에 대한 Loyalty, 국가관, 철학 등등 많은 것을 질문해서 옥석을 가려야 하기 때문이다. 면접에서 많은 경우는 응시자들의 반 정도가 탈락하기에 면접위원들 역시 판단 오류로 우수한 인력을 놓치지 않기 위해 상당한 집중력을 갖고 면접하고 있다. 자기소개를 마치면 본격적으로 임원들의 질문이 시작된다.

학점

　단지 순서에 차이가 있을 뿐 학점과 관련된 내용은 반드시 질문을 한다고 보면 된다. 물론 전 학년, 전 과목이다. 사실 학점이라는 것이 앞서 나의 경험을 얘기했지만, 1학년 때부터 열심히 해서 신경을 바짝 쓰지 않으면, 학점은 다시 회복하기가 정말 쉽지 않다는 것을 잘 알고 있을 것이다. 저학년 때 망친 학점은 이미 엎지른 물과 비슷하지 않나 싶다. 복수난수(覆水難收).

　앞에서도 언급했지만 많은 학생들이 대학 입학을 위해 심하게 고생한 탓에, 입학과 함께 긴장이 풀어져 학업을 등한시하는 경향이 특히 우리나라에는 심하다고 생각한다. 이미 학점에 대해서 불안감을 느낄 때는 사실 후회를 할 뿐이지 특별한 대책은 없다. 따라서 학점은 저학년 때부터 열심히 공부해서 잘 관리하는 것이 정말 중요하다. 그것이 냉혹한 현실이다. 하지만 이미 면접을 보러 온 응시자들은 학점이 낮더라도 그것을 일단 극복한 상황이기 때문에 너무 기가 죽을 필요는 없다.

아무튼 여러분들의 대학 전 학년 성적이 이미 면접위원들의 PC에 올라와 있기에, 학점을 갖고 자세한 질문을 한다. 당연하지만 학점이 나쁜 경우는 특히 질문을 아주 자세히 한다. 일단 학점이 상대적으로 부실하면 선입관이 성실하지 않은 대학생활을 보낸 것으로 판단하고 질문을 시작한다. 따라서 학점이 좋지 않은 응시자들은 솔직하게 답변할 수 있도록, 사전에 자기 학점을 보고 스스로 판단해서 준비하는 것이 좋을 듯하다.

여기서의 Point는 솔직함과 더불어 부족한 학점에 대한 대책을 어떻게 보완했는지를 면접위원들이 확인하고 싶어 한다. 최근에는 적지 않은 학생들이 학점을 많이 따려고 전공 과목은 최소화하고, 다른 교양 과목이나 좀 더 쉬운 다른 전공에서 학점을 많이 따는 경우가 많은데, 이것도 놓치지 않고 질문하므로 솔직한 답변을 준비해야 한다. 가끔은 전공과 관련해서 깊숙한 질문을 하는 면접위원도 있다. 그 경우 역시 당황하지 말고 본인이 아는 그대로 기승전결로 간략히 답변하고, 모르면 솔직하게 모른다고 답변하면 된다. 엉뚱한 대답이나 동문서답은 오히려 좋지 않은 결과로 전개가 될 수 있으므로 그러한 답변은 하지 않는 것이 오히려 낫다.

나 같은 경우는 전공과 관련해서는 학점보다는 얼마나 자기 전공에 관심과 가치관이 있는지를 질문하고 답을 원하는 경우가 많았다. 애석하게도 자기 전공에 대한 확실한 소신 내지는 철학이 대부분 부족했다. 즉, 자기 전공에 대해서 조금 깊고 넓게 접근하는 응시자가 많지 않았다. 즉, 자기 전공 분야에서 우리나라의 기술적 수준과 더불어 과거, 현재, 미래에 대한 본인의 관심과 의견이 없다 보니 대부분 응시자들의 답변은 실망적이었다.

예를 들면 경제가 전공이면 금융위기가 왜 발생했고, 우리나라에는 그런 위험성이 없는지, 옆 나라 중국은 그럴 가능성이 없는지, 없다면 왜 없는지, 그것의 재발을 방지하기 위한 본인의 의견은 무엇인지, 혹은 각 나라의 출구전략에 대한 본인의 의견은 무엇인지 등에 대해서 답변하면 되는 것이다.

만약 소재공학일 경우에는, 우리나라가 어느 소재에 대해 어느 정도의 수준에 있고 그러한 한계점을 극복하기 위해서는 정부와 기업 그리고 학교의 어떠한 노력이 필요하고, 본인은 그것을 위해 어떤 꿈을 갖고 있고, 그것을 달성하기 위한 어떤 노력하고 있는지를 답변하면 되는 것이다.

예를 들었지만 본인이 적어도 대학에서 전공을 공부했다고 하면 이 정도의 관심은 당연히 가져야 하고, 본인의 소신과 철학도 당연히 있어야 된다고 면접위원들은 생각한다. 사실 이 정도의 전공에 대한 소신과 내공은 매일 일간신문 하나만 잘 읽어도 그런대로 큰 어려움 없이 쌓을 수 있다고 생각한다. 물론 관심이 있다면 말이다. 통상 책을 멀리하는 사람은 신문도 멀리한다.

아무튼 본인의 전공에 대해서는 본인 스스로 판단해보고 부족하다고 생각하면 기초부터 차근히 정리해보면 좋을 듯하다. 요즘은 알고 싶은 내용들이 어느 정도의 수준까지는 인터넷을 통해서도 얻을 수 있는 세상이니, 본인이 마음만 먹으면 언제든지 할 수 있다고 생각한다.

깊이 있는 전공 실력도 중요하지만, 자기가 무엇을 하고 있고, 왜 하는지, 나는 어디로 가고 있는지, 즉 정체성이 있는 전공 공부를 해야만 학점도 잘 나오는 것은 물론이고, 전공에 대한 열정과 애정이 생기지 않나 싶다.

뿐만 아니라 친구들 혹은 교수님들과 전공에 대한 서로의 의견과 철학에 대한 토론은 많이 할수록 큰 도움이 된다고 생각한다. 아무튼 응시자들의 자기 전공에 대한 답변 수준은 매우 낮다는 것을 면접을 치르면서 알 수 있었다. 같은 과 친구들과 이런 부분을 자주 토론하기를 권장하고 타 학교 전공자들과의 교류 또한 필요하다고 생각한다. 그렇게 해서 나와 학교, 기업 그리고 국가의 수준을 어느 정도 이해하고, 본인이 해야 할 역할이나 방향이 선다면, 그것이 바로 전공에 대한 본인의 소신과 철학이 된다고 본다.

다시 한 번 정리하면 학점에 대해서는 본인이 가장 잘 알고 있으므로 어떠한 질문도 답변이 가능하도록 솔직한 내용으로 정리하기 바란다. 어설픈 시나리오는 알겠지만 외우기도 힘들고 엉키거나 말리면 바로 얼굴이 홍당무로 변하게 된다는 것을 잘 알 것이다. 따라서 있는 그대로 사실적으로 답변하되, 본인의 확실하고 당당한 소신을 답변하길 권한다. 그렇지만 뻔뻔하다는 느낌을 면접위원들이 받을 정도면 당연히 곤란하다.

사실 학점이 좋으면 선입관이 상대적으로 좋고, 성실한 학생이었다는 정도의 플러스 요인이지 학점이 면접의 최종 당락을 결정하지는 않는다. 얼마만큼 자기 전공과 자기 학업에 대한 소신이 있느냐가 관건이라고 생각한다. 학점에 빈틈이 있는 응시자들이 주로 답변하는 것이 전공은 자기 체질과 맞지 않아 좀 등한시했다거나 아니면 그 당시 다른 것에 좀 깊이 빠져서 소홀했다는 것이 주 답변이다. 그래도 면접위원들이 듣고 싶은 답변이 있다. 전공을 소홀히 한 대신에 무엇을 어떻게 경험했고, 거기서 무엇을 얻은 것이 있는지이다.

즉, 학점과 관련하여 의미 있는 스토리다. 예를 들면 음악이나 다른 것을 본인의 적성에 맞는 것을 습득했고, 그것에 대해 확실한 소신과 경험을 갖고 있다면, 그것 역시 마이너스 요인보다는 플러스 요인으로 작용할 수도 있다. 그것을 확인하기 위해 가끔 현장에서 바로 보여달라는 면접위원도 있다. 그것이 아니라도 열애를 했다면 본인만의 뚜렷한 이성관과 열애를 통해 얻은 무언가가 있는지를 면접위원들은 듣고 싶어 하고, 거기서 열정과 논리를 발견하면 역시 플러스 요인이 된다.

또 하나의 많은 궤변은 아르바이트다. 직접 학비를 버느라 학업을 좀 소홀히 했다는 것이다. 궤변이라고 치부하는 것은 실제로 자신이 처한 어려운 상황을 극복하기 위해 최선을 다한 응시자들에게는 미안한 생각이 들지만, 학점의 부실을 단지 아르바이트로 쉽게 치부하는 경향이 있기에 하는 말이다. 아무튼 이러한 답변에는 바로 질문이 이어진다. 무슨 아르바이트를 했고, 거기서 역시 어떤 스토리를 갖고 있는지를 100% 확인한다고 생각하면 된다.

즉, 스토리다. 답변이 좀 어눌하고 성실하지 못하다고 판단하면 집요한 추가 질문이 이어지는 것이 당연지사다. 응시자들로부터 궤변에 대한 항복선언을 받을 때까지 말이다. 그러면 전공에 대한 답변은 어떻게 하는 것이 가장 좋은 정답일까? 정답이 어디 있겠냐만은, 앞에서도 언급했듯이 왜 전공을 택하게 되었고, 현재 학교와 기업 그리고 우리나라와 세계의 수준이 어느 정도이고, 전공을 공부하면서 느낀 본인의 소신과 그것에 대한 본인의 꿈은 무엇이고, 그것을 달성하기 위한 본인의 각오를 어느 정도의 전공지식을 넣어서 설명하면 내가 생각하기에는 만점이다.

만약에 자기 전공의 학점이 좋지 않을 경우도 비슷한 논리로 스토리가 있어야 한다는 것이다. 이런 것은 짧은 기간의 시나리오 작성과 같은 연습으로는 힘들다. 적어도 평소에 전공에 대한 확실한 소신과 철학이 있어야 한다는 것이다. 그리고 본인 전공 분야의 트렌드 변화에 대해서도 많은 관심을 갖고 수시로 정리해서 항시 업그레이드 된 신선한 전공 경쟁력을 갖고 있길 강력히 권한다. 그렇게 하려면 앞서 언급했듯이 매일 적어도 하나의 일간지는 아무리 바쁘더라도 꼭 읽어야 하고, 항시 책이나 인터넷을 통해 전공과 관련된 정보를 끊임없이 습득하길 권한다. 거꾸로 그것이 귀찮고 열정을 느끼지 못한다면, 그것은 진정한 본인의 꿈이 아니라고 판단해도 큰 무리가 없다고 생각한다.

몇몇 응시자들에게 가장 선망하는 회사를 물어보니 당당히 Google이라고 해서 Google의 CEO가 누구이고 그 기업에 대해 아는 대로 설명을 좀 해줄 수 있냐고 했더니, 응시자들 대부분이 답변을 못하거나 아주 어설픈 내용으로 답을 한 것으로 기억한다. 그렇게 답변하면 일단 마이너스다. 지성인으로서 자기가 선망하는 것에 대한 불성실한 답변은 소신이 없는 것으로 간주되어 100% 마이너스다.

CEO의 이름을 알고 모르고는 사실 중요하지 않다. 하지만 단순히 좋아하는지 아니면 열정과 꿈을 갖고 좋아하는지를 사소한 것에서도 찾고자 하는 것이 면접위원의 역할이다. 그 질문은 면접 응시자가 진정으로 Google에 대해 관심과 꿈이 있었다면 Google의 CEO인 에릭 에머슨 슈미트(Eric Emerson Schmidt)와 회사의 창업배경과 더불어 다른 회사와 무엇이 다른지를 간략하게 이야기하는 것은 그리 어렵지 않다고 면접위원들은 생각하는 것이다.

즉, 이런 질문은 꿈과 열정이 있는 사람과 그렇지 않은 사람을 쉽게 구분하는 방법이라 생각한다. 아무튼 간략하게라도 정확히 답변하면 일단 이야기가 풀어지는 것이다. 그렇게 되면 면접위원의 관심을 불러일으키게 되는 것이고, 아마도 이어서 다음과 같은 좀 더 구체화된 질문이 이어질 것이다. 예를 들면 왜 Google을 선망하는지를 설명해달라는 질문 같은 것이다. 그러면 진짜로 본인이 선망했다면 이것 역시 답변을 못할 리가 없지 않은가. Google사의 비전은 무엇이고 본인의 꿈과 연결하여 답변하면 역시 만점이라고 본다.

너무 답변이 디테일한 것이 아니냐고 거부감을 느낄 수 있겠지만, 적어도 대학을 다니는 지성인의 꿈이고 그것을 향해 간다고 하면, 이 정도는 디테일이 아니라 기본이라고 생각한다. 본인이 그 무엇인가에 대해 갖고 있는 확실한 꿈이 있다면 그것의 실체와 비전, 역사에 대해 알고 있어야 하는 것이 당연하다고 본다. 다시 말하지만, 이러한 자신의 꿈과 전공에 대해 평소 생활습관으로 정착시키게 되면 아주 바람직하고 보람된 대학생활은 물론이고, 결과 역시 본인이 원하는 방향으로 보장된다고 확신한다.

'As was, As is, To be'는 자신의 관심을 분석하는 가장 기본적인 논리라고 본다. 대학에서 공부하는 것은 그야말로 기업 입장에서 보면 기초학문을 배우면서 올바른 인격을 갖추는 곳으로 판단하고 있다. 그렇기에 아주 깊은 전공지식이 있으면 더욱 좋겠지만 그것보다 더 중요한 것은 올바른 인격과 본인의 가치관 내지는 철학을 올바르게 갖고 있느냐를 면접위원들이 확인하고 싶은 것이다.

전공은 입사 후에 아주 혹독하게 실전에 응용할 수 있도록 다시 배우기 때문에 대학의 지식이 많은 도움이 되는 것은 맞지만, 결코 모든 것을 다 해결해주지는 못하는 것이 현실이다. 아무튼 대학생활에서는 전공에 대한 열정과 본인의 철학을 확실하게 세우는 것이 중요하다고 다시 강조한다.

물론 이 대목에 굳이 아쉬움을 얘기한다면 기업과 학교의 연결고리가 너무 빈약하다는 것이 나의 의견이다. 적어도 전공을 공부하는 대학생들은 본인의 전공이 어떻게 응용되어 제품으로 만들어지는지 관심이 있어야 한다. 그리고 그 현장을 적어도 1년에 몇 번은 직접 보고, 현장의 선배들과 같이 토론하는 시간을 가져야 된다고 생각한다. 모든 답은 현장에 있기 때문이다. 몇몇 학교에서는 실행하고 있는 것으로 알고 있지만, 현실적으로 추진이 잘 안 되고 있는 부분으로 알고 있다. 이 부분은 정부와 기업, 학교가 같이 나서서 챙겨주어야 할 사안이라고 생각한다. 이론이 어떻게 적용되어 제품이 만들어지고, 그것이 어떻게 인류 사회에 공헌하고 있는지를 모르고 대학 4년을 보낸다면 살아있는 지식을 배웠다고 할 수 없다. 물론 실험시간에 실습도 하고, 모든 이론이 제품으로 실용화되는 것은 아니지만 말이다.

아무튼 이 부분은 의미 있는 학부교육을 위해서 각 부문이 모여서 빨리 풀어야 할 숙제라고 감히 언급해본다. 본인이 전공에 대한 소신과 철학이 없더라도 제품으로 만들어지는 살아 있는 현장에서 감흥을 받아 그것을 계기로 전공을 좋아하게 될 수도 있다고 생각한다. 물론 그 반대의 경우는 더욱 본인의 전공에 대해 확실한 소견과 열정을 갖는 것은 당연하다. 그만큼 현장은 무서운 내공을 갖고 있다고 생각한다.

구스타프 클림트(Gustav Klimt)가 어떤 화가인지 잘 모르던 나는, 우연히 아내와 함께 줄을 서서 어렵게 본 전시회를 계기로 그 화가에 대해 많은 관심과 열정을 갖게 되었다. 백문불여일견(百聞不如一見).

요즘 기업이나 학생들이 상호 호감적으로 운영되고 있는 것이 인턴 과정이 아닌가 생각한다. 따라서 가능하다면 졸업 전에 인턴과정을 경험해보는 것도 아주 좋은 플러스 요인이라고 생각한다. 인턴 역시 마찬가지로 지원하면 면접이 있을 것이다. 비슷한 분위기로 생각하고 대응하면 된다고 본다. 아무튼 자신이 원하는 기업에서 인턴생활을 하는 것이 쉽지는 않지만, 자기 전공에 대해 소신을 갖고 열정적으로 대학생활을 해왔다면 그렇게 어렵지는 않다고 본다.

자기가 미래에 가고 싶은 회사에 도전하는 것이 당연히 좋다. 하지만 나는 Best of Best Case는 다른 글로벌회사에 먼저 도전해서, 짧은 기간이지만 경험해보기를 권한다. 만약에 국내 대기업에 입사를 원한다면, 예를 들면 Google이나 Apple, MS, IBM 등등의 회사에 과감히 인턴 지원을 해보라고 권하고 싶다. 이 부분은 뒤에서 다시 논해보고자 한다.

　정리하면 당연히 열심히 공부해서 좋은 학점을 받는 것이 면접에 아무래도 유리하겠지만, 더 중요한 것은 전공에 대한 본인의 소신과 전문성은 물론이고 열정을 얼마나 갖고 있느냐가 관건이라는 것, 학점이 부실할 경우에는 그것을 대체할 확실한 스토리가 반드시 있어야만 면접위원들을 설득할 수 있다는 것이다. 학점에 대해서는 이 정도로 마무리하고자 한다.

본인의 장점과 단점

본인의 장점이 무엇이고, 장점은 왜 장점이며 그 예를 들어보라고 하고, 단점은 어떻게 보완하고 있고, 이것 역시 예를 들어보라고 한다. 역시 스토리다.

쉽지 않은 질문이다. 본인 스스로 자신을 자랑하는 것도 쉽지 않을 뿐더러, 본인의 약점을 잘 알지도 못하고, 그것을 보완하기에 구체적인 계획을 갖고 노력하는 사람은 생각보다 많지 않다는 것을 면접하면서 얻는 사실이다.

하지만 이 질문은 꼭 한다고 보면 된다. 먼저 장점과 관련해서는 면접위원들은 인간미나 집중력, 인내력, 이러한 장점을 스토리로 듣고 싶어 한다. 그러나 쉽지 않을 것이다. 그리고 이것 역시 당연하지만 사실적 내용으로 설명되어야 한다. 그래야 본인도 이야기하기가 쉽고 막히지 않을뿐더러 추가 질문에 당황하지 않고 답변이 가능하다.

사실 생각해보면 누구든지 이러한 경험은 다 있다고 생각한다. 단지 시간을 내서 정리하고 깊게 생각해보지 않았을 뿐이다. 어릴 때부터 지금까지 어떠한 사건을 배경으로 내가 갖고 있는 장점을 한번 잘 생각해보면, 스스로 나에게도 이런 장점이 있구나 하고 이야기할 수 있다고 생각한다.

중요한 것은 다시 말하지만 역시 스토리다.

지나친 자만심보다는 겸손을 겸비한 정감 있는 스토리 말이다. 하지만 기업은 영리를 추구하는 기본적인 사명감이 있기에 정의감과 열정, 인간미를 모두 강조하지만, 공과 사를 확실하게 구분하는 쿨한 성격도 요구한다는 것을 잊으면 안 될 것이다. 그렇다고 다시 강조하지만 소설을 쓰면 아무리 많이 연습해도 바로 탄로 난다는 것을 잊지 않기 바란다. 면접위원들은 이미 20년 이상 많은 부하사원들을 육성하며 조직을 이끌었을 뿐만 아니라, 이미 수년간 면접을 한 베테랑들이기에 소설은 들으면 바로 눈치 챈다.

장점은 가능한 짧고 겸손하게 하고, 단점에 대해서는 시간을 좀 더 할애하길 권한다. 단점 역시 장점과 마찬가지로 스토리로 답변을 해야 한다. 어떠한 경험을 토대로 어떤 단점이 있고, 그것을 어떤 구체적인 계획으로 극복하려고 노력했고, 결과는 어떠했는지에 대한 스토리 말이다. 특히 단점에 대해서는 본인이 잘 모를 수도 있으므로 평소에 친한 친구와 같이 서로 진솔하게 얘기해서 단점을 고쳐가는 노력이 필요하다고 생각한다. 아무튼 단점은 본인 스스로 거울을 보면 가장 잘 아는 것이 아닌가 싶다. 그것을 실제 있었던 스토리로 정리하면 된다.

예를 들면, 기타를 배우기 위해 학원에 등록했는데 인내심 부족으로 돈만 날렸다. 하지만 그러한 성격을 극복하기 위해 결국은 재도전해서 지금은 기타를 남부럽지 않을 정도로 연주할 수 있다.

이렇게 면접위원들은 경험을 토대로 하는 답변을 듣고 싶어 한다. 알겠지만 스토리가 없으면 논리가 빈약해 보이고 듣는 사람도 재미가 없다. 사실 이런 방법 외에는 면접위원들이 알 수 있는 방법이 없다. 회사에 입사해서 업무를 하게 되면 알 수 있겠지만, 회사생활도 마찬가지다. 스토리를 자꾸 강조하는데, 논픽션 인생경험 스토리는 바로 명분이라고 생각한다.

어떤 프로젝트을 진행하려면 그것에 대한 확실한 명분이 있어야 한다. 'AS was, AS is, TO be'로 정리해서 이것을 왜 해야 하고, 하면 무엇이 좋아지는지 스토리로 정리해야 하는 것이다. 좋은 스토리는 듣기도 좋고 오래 기억에 남는다.

다시 강조하지만, 억지로 만든 스토리는 재미도 없고 잘못하면 들통이 나므로 시도하지 않기 바란다. 좋은 스토리를 만들려면 사실 실력이 필요하다. 실력이 있다는 것은 개인적으로는 투명성(transparency)을 확보했다고 판단한다.

아무튼 자신의 장점을 증명할 수 있는 논픽션 스토리를 정리해보길 권한다. 그 다음에 면접위원들이 추가로 꼭 확인하는 것이 인간관계이다.

인간관계

　어느 조직이든 가장 중요한 것이 소통이기 때문에 이 부분은 꼭 확인하고 넘어간다. 대부분의 응시자들은 본인이 많은 친구들과 교류하는 것을 장점으로 내세운다. 예를 들면 늦은 밤에 술값이 없어서 친구들에게 전화를 걸면, 바로 나올 친구가 몇 명이냐고 묻는다. 20명이라고 하면 그 20명의 친구들의 이름과 전화번호를 알려줄 수 있냐고 묻기도 한다. 무조건 절친한 친구가 많다고 무조건 플러스 요인은 아니다. 친구라는 것에 어떤 믿음을 갖고 있고, 자기의 고민을 마음 놓고 털어놓을 수 있는 친구가 한 명이라도 있다면 되는 것이다.
　인간관계를 꼭 물어보는 이유는, 매년 직원들이 퇴사하는 이유 중 직원들과의 인간관계가 좋지 않은 것이 큰 비중을 차지하고 있고, 인간관계는 바로 업무의 소통과 직결되어 있어 업무의 실적이나 스피드에 중요한 영향을 주기 때문일 것이다.
　이런 방향으로 질문을 자주 한다. "만약에 상사나 부하가 본인의 업무 스타일과 맞지 않으면 어떻게 할 것인가?"라고 말이다. 본인의 가치관에 따라 답변하면 될 것이다. 내가 답변하면 이렇게 할 것 같다. 결국 회사를 위한 것이 무엇인지를 생각해보고 그 방향으로 상사나 부하를 설득하거나, 내가 틀렸다면 역시 회사를 위한 방향으로 업무 스타일을 바꿀 것이라고 말이다.

나의 경우는 축구를 아주 좋아해서 입사와 함께 축구동호회에 가입해서 정기적으로 활동했다. 거기서 부서가 다른 사원들과 교분을 쌓아 업무를 할 때 많은 도움이 되었다. 결국 사회생활은 사람이 열쇠이고, 그것을 결정하는 것이 바로 인간관계라는 것이다. 그렇기 때문에 직급이 올라가면 사회적 지위가 있는 인간관계에 대해서는 회사에서도 관리한다.

인간관계를 잘 관리하는 기본은 무엇일까? 역시 Give and Take라 생각한다. 본인이 무엇이든 얻은 정보를 함께 공유하는 노력이 필요하다. 그리고 칭찬은 쉽지 않은 것이지만 다른 직원들의 장점을 칭찬하는 습관을 가지면 아주 좋다. 반대로 상대를 비방하는 것은 절대 금물이다. 이러한 습관은 본인도 모르게 좋은 이미지로 소문이 나게 되고, 좋은 인간관계를 갖는 데 많은 도움이 되리라 생각한다.

아마도 사회경험이 없는 응시자들은 학교의 동아리활동을 예를 들어 답변하면 좋으리라 생각한다. 물론 본인의 경험으로 말이다.

모든 질문이 본인의 가치관과 철학, 즉 소신과 연계해서 답변을 듣고 있기에 평소에 이 부분에 대해서도 생각해보는 것이 좋을 듯하다.

투명성(transparency)

　투명성이라는 것은 적어도 대학생활을 할 때 마음만 먹으면 확보하기가 그리 어렵지 않다고 생각한다. 본인에 대한 스스로의 투명성이라는 것은 내가 부족한 것은 무엇이고, 무엇을 보완해야 하는지를 정확히 아는 것이므로 친구나 교수님과의 대화를 통해서 쉽게 알 수 있다. 물론 알면서 하지 않는 것이 문제지만 말이다. 못하는 것은 거의 없다. 하지 않는 것이 문제이다.

　하지만 직장생활도 앞서 언급했지만 마찬가지다. 직장생활에서도 알면서 하지 않는 경우가 있다. 물론 결과는 매우 냉혹하다. 연봉이 줄어들거나 정체되고, 승진은 동료나 후배에게 밀리고, 업무는 갈수록 비도전적인 업무로 변경된다. 따라서 직장생활을 할 땐 끊임없이 본인의 투명성을 확보하면서 단점을 보완하는 노력을 해야 한다.

　현실적으로 특히 대기업에서 본인의 업무는 엄청나게 많은 부분들과 얽혀 있기에 본인은 물론이고 다른 사람의 업무도 잘 보이지 않는다. 그래서 기업들 스스로가 투명성을 확보하기에 엄청난 투자를 하고 있는 것이다. 누가 무엇을 잘하는지를 알아야 적재적소에 인력을 배치할 수 있기 때문이다. 인력배치는 곧 사업의 승패를 좌우하는 것을 의미한다. 또한 부족한 각 개인의 능력을 회사에서는 방치할 수 없다. 회사의 미래인 인력에 대해서는 지속적으로 발전시켜야 하기 때문이다. 그렇기에 사람뿐만 아니라 회사에서는 경영에 관련된 모든 것에 대한 투명성 확보에 전력투구하는 것이다.

예를 들면, 동네의 슈퍼마켓도 마찬가지라고 생각한다. 슈퍼마켓의 손님들이 가장 원하는 것이 무엇이고, 각 제품들의 재고가 얼마이고, 유통기간이 어떻게 되고, 이러한 것을 실시간으로 알 수 있는 것이 바로 투명성이라는 것이다. 사업의 승패가 걸린 것이니 이것을 소홀히 할 수 없는 것이다.

많은 회사가 부실로 무너지는 것은 바로 이러한 투명성 부족으로 발생한다는 것은 이미 다 아는 사실이다. 투명성이 확보된다는 것은 모든 경영상황을 실시간으로 정확하게 공유해서 사전에 부실을 방지한다는 의미다. 현재의 상황, 즉 진실된 현황을 정확하게 아는 것이 가장 중요하다고 생각한다. 기업이든, 나라든, 개인이든 말이다.

나이가 들면서 왜 철학자들이 끊임없는 자신과의 싸움 그리고 많은 학자들이 지금도 자성으로 고민하고 책을 쓰고 그러는지를 알 수 있었다. "너 자신을 알라"는 말도 옛 성현이 괜히 한 말이 아니라는 생각은 업무를 하면서 정말 많이 경험했다. 쉽지 않은 것이다. 자신을 인정하고 커밍아웃을 해야만 어떤 발전이 있다는 의미로 해석되었다. 무엇이든지 자신을 솔직하게 커밍아웃하는 것이 쉽지 않음을 앞 시대의 지성인들도 다 알고 있었던 것 같다. 그렇기에 이미 많은 소설과 영화 등의 문학작품의 소재가 되는 것도 바로 이런 이유라고 생각한다. 평소에 생활습관과 개인의 철학으로 무장해주길 권한다.

면접위원들은 바로 이러한 관점으로 본인이 스스로 장단점을 알고 있고, 단점에 대해서는 어떻게 보완하고 있는지를 본인에게 듣고 싶어 하는 것이다. 면접위원은 이 질문으로 응시자들의 우유부단한 성격과 정직성에 대해 집요하게 파고들 것이다. 기업 입장에서는 우유부단하고 정직성이 결여된 응시자들을 원하지 않는 것은 당연지사라고 생각한다. 만일에 우유부단한 성격이 본인의 단점이라면 잘 판단해서 답변하기 바란다.

적지 않은 응시자들이 자신의 단점이 우유부단이라고 하는 것을 보아왔다. 스토리 없는 섣부른 분석으로 본인을 판단해서 그렇게 답변하면 면접위원은 있는 그대로 인정하고 그런 성격으로 판단해버린다. 결과는 쉽게 예측할 수 있을 것이다. 하지만 그것이 확실한 자신의 단점이라면, 중요한 것은 어떻게 그것을 극복하기 위해 노력하고 있는지를 답변하면, 결코 마이너스 요인은 아니라고 생각한다. 이 세상에 완벽한 사람은 없기 때문이다. 면접위원 또한 역시 사람이기에 동감하고 인정한다는 것을 기억하기 바란다.

다시 한 번 강조하지만, 스스로 한 말에 엉켜서 홍당무가 되는 단점에 대한 궤변은 아예 언급하지 않는 것이 좋다. 정직성도 좋지만, 스스로 그것에 대해 차분히 정리해볼 필요가 있다는 것이다.

면접에서 정직성과 관련해서 궁지에 몰리면 거의 불합격이라고 생각한다. 그래서 이 장에서는 투명성을 강조하면서 많은 내용을 언급하는 것이다. 모르면 모른다고 하고, 모든 것을 사실 그대로 얘기하면 말은 엉키지 않을 것이고, 진실성과 그것을 극복하고자 하는 열정을 소신 있게 답변할 수 있으면 되는 것이다.

대기업은 한 번 뽑은 인력은 본인 스스로 포기하지 않는 이상 적어도 부장까지는 절대로 회사에서 먼저 포기하지 않는다. 그렇기에 이

장은 아주 중요한 면접의 한 부분일 수밖에 없다. 정리하면 면접위원들은 응시자들이 정직, 열정, 폭넓은 인간관계, 끈기 등의 장점이 있는지, 자신의 단점을 정확하게 알고 있는지, 단점에 대한 개선의 노력을 했는지 혹은 지속적으로 하고 있는지 스토리를 통해 듣고 싶어 한다. 따라서 응시자들은 평소에 자신의 장단점을 분석하고 그에 대한 것을 본인의 경험 스토리로 예를 들어서 잘 설명하면 훌륭한 면접이 될 것이라 생각한다.

 이렇게 쉽지 않은 장점과 단점과 인간관계의 고개를 넘으면 다음 질문으로 이어진다.

취미생활

취미생활이라는 것은 대학생활을 할 때에도 평상시 적극적으로 즐기는 분들이 많지만, 사회생활을 하면서는 업무를 벗어나 그야말로 스트레스를 풀고 여유를 즐기기 위한 또 다른 중요한 생활이다. 그러기에 매우 중요하다? 맞다.

남는 시간에 무엇을 하든 말든 자유이지 그것이 뭐가 그리 중요하냐고 얘기할 수도 있다. 하지만 직장생활에서 취미는 의미가 좀 다를 수 있다. 업무를 하면서 쌓인 스트레스를 적절하게 잘 풀어야만 좋은 업무성과가 나온다는 단순한 논리다. 그리고 그것이 사실이다.

너무 지나치게 업무적으로 해석한다고 오해할 수 있으나, 내 경험으로는 여가활동을 적극적으로 하는 직원들이 그렇지 않은 직원들보다는 업무를 훨씬 열정적으로 하고 결과도 좋았다. 그리고 어떤 사람의 취미를 알면 그 사람을 이해하는 데 많은 도움이 되는 것도 사실이다. 이런저런 맥락으로 취미 관련 질문은 거의 빠지지 않고 한다고 생각해도 큰 무리가 없을 것이다.

취미생활을 논하기에 앞서, 회사를 그만두기 바로 전에 정기 임원교육에 참여하기 위해 그룹 종합연수원을 간 적이 있다. 거기에서 최근에 바뀐 신입사원교육과정에 대해서 그룹 교육담당자로부터 간략히 소개를 받았다. 그것을 먼저 소개했으면 한다. 왜냐하면 거기서 나는 가히 충격적으로 최근 신입사원들의 취미생활에 대한 트렌드를 읽었기 때문이다. 내가 입사 시 교육을 받던 교육환경은 뒤에서 나의 회사생활을 소개할 때 설명할 것이다.

아무튼 지금의 연수원 교육환경은 확연히 우리 때와는 전혀 다른 환경으로 변해있었다. 상전벽해(桑田碧海)라고 해도 과언이 아닐 정도였다. 조금 소개하면 이렇다. 일단 처음 연수원에 들어가면 엄청나게 많은 학습자료를 받았다. 사실 그 많은 자료 때문에 모든 사원들이 연수원을 두려워하고 질려버리곤 했다.

하지만 그것이 다 없어졌다. 각자의 자리에 앉으면 조그만 노트북이 하나씩 놓인다. 물론 여러분이 알고 있는 Wi-Fi 환경인지라 연수원 내에서는 어느 곳에서나 무선으로 연결되어 자료는 물론이고 온라인 토론과 더불어 모든 인터넷환경을 다 사용할 수 있게 시스템이 구축되어 있다.

가장 결정적인 것은 전에는 강사들의 강의를 다 필기해야만 했는데, 지금은 들으면서 바로 필요한 것은 PC에 저장한다고 한다. 전에는 피곤한 교육생들은 졸음을 이기지 못하고 기록을 엉망으로 해서 테스트를 망치곤 했는데, 이것도 변했다. 자료는 잘 정리한 친구들에게서 파일을 받으면 되고, 피곤할 시에는 잠시 인터넷으로 빠져나가 졸음을 깨는 방법도 있지 않나 싶다.

물론 우리 시대에 이런 환경이 구축되어 있었으면, 강의를 독수리타법으로 입력하느라 강사를 쳐다볼 엄두도 내지 못했을 것이다. 하지만 요즘 신입사원들은 얼굴은 강사를 보고 동시에 손으로는 강의 내용을 PC에 기록한다고 하니, 세대가 많이 변했음은 틀림이 없다. 하긴 호주머니 속에서 휴대폰으로 거의 모든 대화를 다 나누는 세대가 바로 지금의 세대이니 충분히 이해가 간다. 그리고 이러한 부분에서의 경쟁력이 국가경쟁력이고, IT세계를 호령하는 바로 우리나라의 현재와 미래의 경쟁력이라고 믿고 있다.

신입사원들이 그런다고 한다. 자신들이 진짜 디지털 세대이고 선배 사원들은 모두 Digital Immigration 세대라고. 아주 틀린 얘기는 아닐 것이다. 더욱 놀란 것이 있었다. 각 팀의 팀 파워와 프로젝트를 동영상으로 스스로 제작하였는데, 거의 프로급 수준이었다. 대단한 디지털 세대임을 확실히 느꼈고 뿌듯함도 동시에 느꼈다. 혹 이 대목에서 Spec이 좀 밀리시는 분들은 IT시대에 뒤처지지 않도록 노력하길 권한다.

아무튼 여러 방면의 취미를 갖은 응시자들이 많아졌다는 것이다. 더불어 면접위원 세대들과는 좀 다른 독특한 취미를 갖고 있는 응시자들도 많았다. 암벽 타기, 히말라야 트래킹, 트럼펫 연주, 아마추어 밴드 등. 면접위원들은 가능한 것은 현장에서 시범을 보여달라거나 혹 재미있는 에피소드가 있으면 소개해달라고 한다. 그럴 때는 역시 경험을 기반으로 활동했던 스토리를 들려주면 된다.

취미와 관련하여 부드럽게 면접위원과 친숙해지면, 다음 질문부터는 아주 쉽게 갈 수 있다. 물론 취미가 없을 수도 있다. 하지만 있는 것이 없는 것보다는 훨씬 좋기에 꼭 갖길 권한다. 없다면 어떻게 여가시간을 보내냐고 꼭 물어본다. 사실 아무 취미가 없다면 좀 무미건조한 사람으로 판단되는 것은 당연지사가 아닌가 싶다. 하지 않거나 없는 취미생활을 얘기하면 이것 역시 바로 들통 나므로 있는 그대로 답변하기 바란다.

3장 면접

가끔 독서라고 하는 분들도 있다. 물론 아주 가끔이다. 그런 경우에는 응시자에게 최근에 읽은 책이나 혹은 읽은 책 중에서 가장 인상에 남는 책이나 혹은 본인이 즐겨 읽는 책에 대한 줄거리나 느낀 점을 얘기해보라는 질문을 거의 빠지지 않고 한다. 독서가 취미가 아니라고 하더라도 많은 면접위원들이 단골로 질문하는 것이 바로 독서다. 예를 들면, 한 달 혹은 일 년에 몇 권의 책을 읽느냐는 질문 같은 것 말이다. 이 대목에서 늘 개인적으로 많은 아쉬움을 느끼곤 했다. 나의 경험으로는 독서에 관해서 면접위원들을 만족시킨 응시자들은 5% 이하였다. 대부분 텔레비전 드라마에서 나온 것 아니면 아주 대중적으로 인기 있는 책 몇 권 내지는 그냥 스토리를 귀동냥으로 들어서 알고 있는 것을 말하는 정도였다. 오래전부터 교양도서로 알려진 『삼국지』를 읽었다고 답하는 응시자들도 아주 드문 상황이고, 철학이나 고전을 대답하는 응시자는 거의 없었다.

하지만 나 역시 대학시절에 많은 책을 읽지 않았기에 이 부분에 대해서 갑론을박(甲論乙駁)할 자격은 없다. 하지만 인생의 선배로서 권할 수는 있다고 생각한다. 과거의 잘못에 대해 반성 없이 현재로 이어진다면 미래가 없기 때문이다. 회사생활을 하면서 독서는 현실적으로 더욱 쉽지 않다. 하지만 적어도 한 달에 한두 권은 꼭 읽었다.

퇴임 후에 가장 먼저 다시 읽은 책이 『조선왕조실록』이다. 물론 집약해서 한 권으로 만든 책이지만 두 번째임에도 새로웠다. 27명의 왕과 519년의 역사실록을 한두 번 읽고 이해하는 것은 역시 불가능하다고 생각한다. 그래서 두 번째임에도 재미있게 밤을 새워 읽었다. 역사를 선호하는 나의 개인적인 성향도 있지만, 자기나라의 역사를 모르고 현재와 미래를 논하는 것은 어불성설이라는 것이 나의 지론이다. 온고지신(溫故知新).

나는 지금도 선조와 인조 실록을 읽을 때마다 지나간 과거의 역사이지만 위정자의 그릇된 판단으로 인해 많은 백성이 너무도 참을 수 없는 굴욕을 겪었기에 깊은 아쉬움과 울분을 느끼곤 한다. 아마도 이러한 이유로 역사가 중요한 의미를 갖는 것이라 생각한다. 아마도 나만의 생각은 아니라고 생각한다. 과거를 이해하고 그릇된 과거의 전철(前轍)을 밟지 않고 그것을 반면교사로 삼아 보다 나은 미래를 건설하는 것 말이다.

얼마 전에 우연히 한 외국 지인과 축구 얘길 하다가 일본에 대한 나의 견해를 알고자 하는 질문을 받은 적이 있다. 바로 스포츠의 한일전에 대한 반일 민족감정 관련 비슷한 질문이었다. 그 분위기는 한국에서 생활하는 대부분의 외국인들은 알고 있다고 생각한다. 나는 아주 명확하게 답변했다. 일본과 독일이 같이 전쟁을 일으켰는데, 독일은 국가가 중심이 되어 침략한 모든 나라에 대해 정중히 사과하고 보상은 물론이고, 지금도 많은 독일 젊은 친구들을 유태인수용소인 아우슈비츠(Auschwitz)를 참관하게 해서 국가의 잘못을 실제로 느끼도록 하고 있다고 한다.

그러면 왜 일본은 그렇게 하지 못하는가? 과거의 잘못을 천황부터 국가의 위정자들이 확실하게 마음 깊이 대한민국 국민은 물론이고 주변 나라들에게 사과하고, 일본의 젊은 친구들도 정확하게 과거를 알게 해서 과거와 같은 우를 미래에 범하지 않도록 하는 노력을 일본정부가 실행하지 않는 이상, 한국과 일본의 민족 감정은 쉽게 개선될 수 없고, 특히 한 나라의 황후를 일본 사무라이 무사들이 처참하게 시해한 것은 확실하게 사과를 해야 한다고 분명하게 답변했다.

짧은 영어로 답변하느라 힘들었지만, 역사에 의거해서 확실하게 전달했다고 생각한다. 그 외국인이 조선황후 시해사건은 젊은 대학생들과 그동안 많은 대화를 했지만 한번도 들은 적이 없다고 하면서 그 애길 믿지 않는 것 같아 좀 당황스러웠다. 그래서 「명성황후」라는 뮤지컬 작품도 있으니 혹 기회가 있으면 보라는 추천도 잊지 않았다. 물론 '명성왕후'와 '명성황후'의 차이도 설명했다.

앞에서도 언급했지만 과거에 연연하는 것은 옳지 않지만 과거가 없는 현재와 미래는 없을 것이다. 실패든 성공이든 모두 훌륭한 미래의 스승이기 때문일 것이라 생각한다.

업무도 마찬가지다. 실패 사례를 Report해서 공유하고 동일한 문제가 재발하지 않도록 하는 것은 아주 중요한 품질 관리의 기본이다. 그렇기에 실패에 대해서 포상하는 회사도 실제로 있다.

두 번째로 읽은 책은 퇴임 전에 같이 일하던 부장들에게 책을 사서 나누어준 『The catcher in the rye』이라는 영문소설이다. 『호밀 밭의 파수꾼』이라는 번역서로 이미 많은 젊은 친구들이 읽었고, 읽고 있는 책으로 알고 있다.

젊은 시절에 읽는 시기를 놓쳤지만, 아직도 전 세계적으로 30만 권 이상 팔리고 있다는 신문의 기사를 읽고 책의 내용도 궁금하였고, 더불어 창피하지만 전공 책 말고 영어 원서로 소설을 읽어본 경험이 없어 꼭 도전하고 싶은 마음에 부장들과 같이 도전을 해보려고 한 좋은 시도였다. 내용적으로 좋은 책이었지만 업무를 하면서 모르는 영어 단어를 찾아가며 집중하긴 쉽지 않았다. 그래서 퇴임 후에는 꼭 읽어보기로 마음을 먹고 도전했다. 시간은 좀 걸렸지만 결과적으로 아주 좋은 경험이었다.

대부분 사람들이 감명 깊게 읽은 책들을 몇 권씩은 갖고 있는 줄 알고 있으나, 현실적으로는 꼭 그렇지 않다는 것을 면접위원을 하면서 알게 되었다. 특히 대학생들은 더욱 그렇다는 것을 알았다. 아무튼 이

부분에서도 스스로 무언가 부족함을 느낀다면, 지금이라도 지성인으로서의 당당하게 보일 수 있는 좋은 습관으로 보완하길 강력 추천한다. 이 부분도 어설프게 들은 내용이나 텔레비전 드라마를 보고 아는 내용이라면 아예 시작도 하지 말기 바란다. 면접이라는 것도 사실은 면접위원과의 토론 혹은 대화를 나누는 자리라고 생각한다. 독서로 무장한 응시자와의 대화는 면접위원들도 신바람이 난다.

굳이 면접이 아니더라도 입사한 후에도 외국이건 내국이건 인적 교류 기회가 많다. 이때에 정말 필요한 것이 바로 대화거리다. 책이나 자료를 통해서 일 이외의 감성적인 정보가 부족하면 대화거리가 바로 바닥이 난다. 그렇다고 아는 내용이 없으니 듣기만 하고 그저 고개만 끄덕이다가는 순식간에 차가운 분위기가 만들어지는 것은 물론이고, 다음 약속도 기약할 수 없게 된다. 물론 그런 상황에서 맞장구를 쳐줄 수 있는 분위기를 만들 수 있다면 훌륭한 비즈니스를 할 수 있는 Spec은 갖추고 있다고 해도 과언이 아니다.

중국법인에서 근무할 때 모시던 한 상사가 생각난다. 이 상사는 중국관료들이 우정을 나누는 모임에서 통상적으로 유명한 한시를 읊어 우정을 표현하는 것을 알고, 미리 멋진 중국 시조를 배워 중국 고위관료들을 매료시켰던 분이다. 그것이 업무로 이어진 파급은 상상을 초월했다.

한번은 여성 응시자가 취미가 축구라고 해서 조금은 뜻밖이었고 모처럼 박지성 선수를 떠올리며 기분 좋은 마음에 좋아하는 프리미어 구단이 있냐고 질문했더니, 질문 자체를 이해하지 못하는 것을 보았다. 흔치 않은 경우이지만 대화를 이어갈 수 있는 일반적인 상식정보 보유는 대화의 필요 조건이 아닌가 생각한다. 아니 축구를 그냥 좋아하고, 한국 프로축구단은 좋아하지만 영국 프로축구를 잘 모를 수도 있는 것이지, 그것이 잘못이냐고 묻는다면 틀린 얘기는 아니다. 하지만 면접에서는 100% 마이너스다. 이러한 응시자는 경험상 일반적으로 전반적인 질문에 대한 답변이 부실하다. 열정이 없기 때문이라고 말하고 싶다.

앞에서 언급했듯이 면접은 대화의 장이다. 그런데 이야깃거리가 떨어져 썰렁한 분위기가 된다면 당연히 면접위원에게도 결코 좋은 인상을 줄 수 없을 것이다. 하지만 모르는 것은 당당히 모른다고 솔직히 얘기하는 것이 그나마 본전이라도 찾을 수 있다고 생각한다.

미국이나 유럽 사람들은 상대적으로 집이나 사무실을 떠날 때에는 늘 책을 챙긴다고 한다. 영화를 보면 알 수 있듯이 집에서도 항시 책을 읽고, 잠들기 전의 독서 장면은 이제 아주 익숙하다. 잘 아는 것처럼 외국의 그야말로 잘 나가는 CEO들은 휴가를 보낼 때 고전에 푹 파묻힌다고 한다. 우리가 쉽게 상상하는 미래에 관련된 내용이나 기업 경영에 관련된 책도 물론 읽겠지만, 대부분 고전을 읽으며 새로운 미래 창조를 설계한다고 한다.

지금이라도 문을 나설 때 책 한 권은 꼭 챙기길 권한다. 면접에서 가끔 멋진 응시자를 만나는 행운도 있다. 예를 들면 전공은 공학이나 독서 혹은 그림이 취미이고, 자신이 좋아하는 작가와 그 작가의 작품에 대해 멋지게 소개하는 응시자 말이다. IQ가 아닌 EQ의 시대로 바뀐 지 오래지 않는가. 미술이든 음악이든 스포츠든 독서든 뭐든 감성적인 부분을 취미로 갖길 강력히 권한다. 단지 면접을 위한 것이 아니라 풍요로운 인생을 위해서 말이다. 더불어 풍요롭고 변화가 있는 사회생활을 하기 위해서는 독서가 아주 중요하다고 절실히 경험했기에 독서습관을 강력 추천한다.

많은 응시자들이 여행을 취미라고 답변한다. 그러면 거의 모든 면접위원들은 응시자들에게 가장 인상에 남는 여행을 소개해달라고 한다.

이 대목에서도 무언가 시원하면서 신선한 얘기를 들은 경험이 아주 드물다.

얼마 전에 퇴임과 더불어 결혼 25주년을 기념하기 위해 아내와 동유럽여행을 다녀왔다. 서울에서 전시된 구스타프 클림트 전시회에서 보지 못한 「Kiss」의 원작을 보고 싶어, 여행가이드를 어렵게 설득해서 당초 코스에는 없었지만 관심 있는 분들과 같이 시간을 만들어보고 왔다. 관심이 있었던 그림이었고 오스트리아의 빈을 방문하지 않으면 볼 수 없는 그림인지라 아내와 아주 의미 있는 시간을 보냈다. 고풍스러운 미술관도 아주 인상적이었고 「Kiss」 외에 평소에 접하지 못했던 그림을 감상하는 행운을 누렸다. 이런 과정이 바로 스토리라고 생각한다. 예를 들면 이렇게 스토리를 중심으로 빈 여행을 면접위원들에게 소개하면 좋은 면접 결과를 얻을 수 있다고 확신한다.

가끔은 봉사활동을 취미로 얘기하고 헌신적인 자신의 경험과 하고 있는 활동을 소개하면서 분위기를 근엄하게 만드는 응시자들도 있다. 면접위원 역시 봉사활동의 경험을 묻는 경우가 많다. 혼자서만 살 수 있는 세상이 아니지 않은가. 하지만 봉사활동을 자칫 자랑거리로 오판하면 면접에서는 나쁜 영향을 줄 수도 있다는 것을 명심하기 바란다. 물론 그 반대도 있다. 대충 한 아주 어설픈 봉사활동을 대단한 경력으로 기록하는 경우가 많다. 이런 경우는 100% 바로 질문에 들어간다고 보면 된다. 궁색한 답변은 아무리 좋은 일을 했지만 주관이 없는 것으로 면접위원들은 판단할 수 있다.

봉사활동 역시 작은 것이지만 성심을 갖고 했다면 틀림없이 스토리가 있다고 생각한다. 독거노인을 위한 봉사를 하건, 보육원 봉사를 하건, 요즘 많이 하는 해외봉사활동이건, 어느 봉사활동이건 했던 것에 대한 스토리를 정리해보고 그 내용을 차분하게 소개하면 아주 좋은 면접시간이 될 수 있다고 확신한다. 아프리카에 가서 가난한 마을 어린이들을 가르치는 봉사활동을 했고, 같은 시대에 너무도 다른 환경에서 살고 있는 어린이들을 보고 너무 가슴이 아팠고, 여력이 되는 한 향후에도 동료들과 지구촌의 어려운 환경에 있는 어린이들을 돕는 활동을 지속적으로 하겠다는 응시자의 답변을 들은 적이 있다. 다른 면접위원들도 좋은 인상을 받았을 것으로 생각한다. 기분 좋은 스토리이기 때문일 것이다.

봉사활동은 사실 회사에 입사하면 다양하게 참여할 수 있다. 로마시대의 훌륭한 산물인 '노블레스 오블리주(Noblesse Oblige)'를 대부분 대기업들이 열심히 실천하고 있다. 바쁜 직장생활이지만 많은 직원들이 주말을 이용하여 열심히 활동하고 있다.

아무튼 어떠한 취미생활이든 본인 스스로 재미를 느낄 수 있는 취미생활 하나 정도는 갖고 생활하는 것은 꼭 필요하다고 생각한다. 혹 지금이라도 없는 분들은 최소한 한 가지라도 만들길 권한다. 너무 깊이가 없는 것은 열정이 부족해 얻는 것도 없고 어디 가서 얘기도 할 수 없다. 반대로 정상적인 생활을 포기하며 하는 지나친 취미생활은 업무와 주객이 전도되는 사태가 발생하여, 다른 무언가를 잃는 좋지 않은 결과로 이어진다. 회사에서는 이런 경우에 통상적으로 직장 상사가 면담을 해서 엄중히 경고한다. 이유는 업무에 좋지 않은 영향을 주기 때문이다. 가끔 심한 경우는 경고가 없는 경우도 있다. 그런 경우는 연말의 업무고가평가에서 최하위를 받아 다음해의 연봉이 대폭 삭감되는 것을 감수해야 한다. 이런 결과를 낳는 취미생활은 하지 않는 것이 오히려 좋다. 과유불급(過猶不及).

그래서 취미생활은 정상적인 생활에 윤활유 역할을 하는 수준의 활동이 좋다고 생각한다.

혹시 취미를 골프라고 답변하면 틀림없이 면접위원과 많은 대화가 이루어질 것이다. 하지만 면접위원의 시선은 적절한 환경에서 즐기고 있는지를 필히 질문할 것이다. 만약에 답변을 듣고 여건에 비해 지나치다고 판단하면 역시 결과는 마이너스다. 자기 분수를 모른다고 판단할 수도 있다는 것이다. 하지만 즐길 수 있는 환경이라면 아마도 좋은 대화가 이루어지리라 생각한다. 그렇다고 본인의 환경을 무시하고 무리하게 골프를 치라고는 절대로 권하고 싶지 않다. 더불어 설령 골프가 취미일지라도 면접에서는 가능한 언급하지 않는 것이 좋다고 개인적인 의견을 제시한다.

아무튼 정상적인 생활에 활력을 불어넣는 취미활동으로 퇴근 후와 주말을 기다리는 역동적인 생활이 되길 권장한다. 거기서 스트레스도 풀고 직장과는 또 다른 분위기의 사회와 소통하는 시간을 갖길 적극 권한다. 그러한 재충전은 업무의 창의성과 열정적인 업무로 연계되어, 업무의 실적도 상당히 개선될 것으로 확신한다.

취미생활이 더 중요한 것은 지나친 음주로 시간을 보내는 것을 방지할 수 있다는 것이다. 현실적으로 많은 직장인들은 대부분 자신만의 취미생활이 없다 보니, 직장 동료들과 퇴근 후에 소주 한잔으로 취미생활을 대신하고 있는 것이 현실이다. 동료들과의 소주 한잔도 가끔은 필요하다. 하지만 하루가 아니라 월요일부터 주말까지 이어지는 술자리는 결국 몸과 마음을 황폐하게 하는 것은 물론이고, 심하게는 가정불화로 이어지는 경우도 있다. 실제로 지나친 술과 스트레스로 인해 건강에 문제가 생겨 세상을 일찍 등지는 사원들이 많지는 않지만 있다.

아무튼 이러한 방지책 역시 바로 자신만의 취미생활을 갖는 것이라고 다시 한 번 강조한다. 가능하면 가족과 함께하고 미혼인 경우는 친구와 같이하는 취미생활을 적극 권한다. 이러한 취미생활 역시 대학생활을 하면서 공부에 지친 심신도 단련하고 새로운 친구들을 접할 수 있는 좋은 기회이므로 적극적으로 활동하길 권한다. 아무튼 취미생활에 대해서 면접위원과 의미 있는 시간을 보내면 분위기가 한층 더 편해지고 자신감도 생긴다.

　참고로 스트레스를 담배로 푼다는 답변은 하지 않는 것이 좋을 듯하다. 최근에 대기업에서는 사원들의 건강과 업무효율 문제로 금연이 확산되고 있는 추세로 흡연자는 그리 환영 받지 못한다는 것을 참고하기 바란다. 그런 이유로 담배를 피우는 임원들은 극히 드물다고 생각한다. 솔직히 나는 가끔 부하사원을 찾는다는 핑계로 흡연하는 장소를 찾곤 했다. 진정한 이유는 흡연장소가 아주 좋은 대화의 장이기 때문이었다. 사실 나는 개인적인 의견이지만 흡연을 금지하는 것에는 찬성하지 않는다. 건강을 생각하면 당연히 찬성이지만 업무의 효율을 위해서는 반대 입장이다. 사원들이 회사 안이든 밖에서든 하는 얘기는 주로 업무에 관련된 얘기이기 때문이다. 오픈 마인드로 말이다. 드물지만 그런 기사를 본 적이 있다. 어느 대기업은 많은 돈을 들여서 사원들을 위해 멋진 흡연장소를 만들어주었다는 기사 말이다. 개인적으로 의미 있는 투자라고 생각한다.

　취미생활은 조금 길게 이야기했지만 직장생활과 가정생활에 중요한 요소임을 다시 한 번 강조하고 마무리한다.

가치관

대충 이런 식으로 질문이 들어간다. "왜 본 기업을 지원하시게 되었나요?" 혹은 "본 기업을 지원해서 무엇을 하실 계획인가요?" 혹은 "본 기업에 입사해서 10년 뒤에 본인의 모습은 무엇인가요?" 거의 100% 나오는 질문이다. 사실 면접위원 입장에서는 꼭 필요한 질문이다. 내 경험으로는 대부분 응시자들이 쉽지 않게 대답했던 것 같다. 물론 예상 문제를 풀고 온 응시자들은 사전에 알아본 기업과 자기 분야에 대해서 두서 없이 거의 외운 내용을 식상하게 죽 늘어놓는다.

한마디로 따분함을 느낀다. 솔직히 오후가 되면 비슷한 내용으로 면접이 이어지는지라 면접위원들도 특징 없는 답변에는 쉽게 피곤함을 느낄 수 있다는 것을 고려하길 바란다.

아무튼 이 질문은 응시자들에게 아주 깊이 있는 내용을 묻는 것은 아니라는 것이다. 앞에서 학점을 설명할 때 이미 언급했지만, 과연 본인이 지원한 회사에 대해 확실한 소신을 갖고 있는지, 본인들의 미래 혹은 꿈에 대해 확실하게 계획을 갖고 있느냐가 바로 질문의 핵심인 것이다. 면접 전체에 많은 영향을 주는 중요한 질문이라고 생각한다.

자, 이 대목에서 한번 솔직히 얘기해보자. 먼저, 왜 대기업인가? 일단 다른 사람들에게 인정을 받기 위해서인가? 아니면 월급 때문인가? 안정적인 직장생활 때문인가? 아니면 일단 남들도 다 지원하니까? 아니면 오랫동안 꿈을 갖고 있었고, 이젠 그 시간이 되었고, 아직 자질은 많이 부족하지만 대학에서 배운 지식을 바탕으로 열정과 신념을 갖고 어떤 분야에서 괄목할 역군으로 성장하기 위해서인가? 물론 가장 후자이면 면접에서 답변하는 데 전혀 문제가 없다.

본인이 평소에 전공을 공부하면서 혹은 선배들과 교류를 통해서 본인이 하고 싶은 일이 있었으리라 생각한다. 그것을 있는 그대로 답변하면 된다. 예를 들면 사람 만나는 것을 좋아하고 상술에 남다른 열정과 끼가 있어서 기회가 주어진다면 최고의 영업달인이 되고 싶다든가, 아니면 본인이 전공 관련하여 불후의 히트작품을 만들어서 회사경영에 공헌하고 더불어 회사와 본인의 이름을 우주에 날리고 싶다고 답변하면 되는 것이다. 아니면 남다른 분석과 예지능력을 갖고 있는지라 미래의 시장을 예측하고 준비하는 마케팅 분야에서 일하고 싶다고 답변해도 좋을 것이다.

그리고 그 정도의 생각을 했다면, 한번쯤은 입사 후 10년 뒤의 모습을 생각해보았을 것이라 생각한다. 일단 가정을 이루었을 것이고, 부부가 상의하겠지만 본인의 강력한 희망과 국가의 미래에 보탬이 되기 위해 4명의 아이들 아빠가 되어 있을 것이라든가, 업무적으로는 나름대로 성숙기에 있으니 본인이 생각했던 10년 계획에 의거하여 답변하면 된다고 본다.

나는 입사 10년 만에 지역전문가라는 좋은 기회를 잡았다. 선망했던 외지의 세계를 직접 몸으로 체험하고 글로벌 역량을 키울 수 있는, 너무도 원하던 기회였다. 본인도 그런 꿈이 있다면 이렇게 대답할 수도 있는 것이 아닌가 싶다. 업무는 나름대로 완벽히 성숙단계에 있으므로 후배에게 길을 좀 더 열어주고, 본인은 틈틈이 준비한 글로벌 역량을 바탕으로 그동안 꿈꿔왔던 해외 사업장에서 근무할 것 같다고 말이다.

이렇게 물 흐르듯이 평소에 자신이 꿈꾸고 그림을 그렸던 내용을 있는 그대로 답변하면 면접위원과의 아주 좋은 시간이 되고 결과는 당연히 좋을 수밖에 없다고 본다. 모든 질문에 정답은 없다. 하지만 나의 경험으로는 면접 시 확실하게 소신이 있고 스토리가 있는 응시자들이 결국은 임원까지 갈 확률이 크다고 확신한다.

무슨 얘기냐 하면, 확실한 소신과 가치관을 갖고 본인의 꿈을 실현하기 위해 지원하는 응시자들과 그렇지 않은 응시자들과의 차이는 분명이 있고, 그것은 면접할 때도 어느 정도 구분이 간다는 것이다. 사회 경험이 적은 학생들이 올바른 가치관을 갖기 위해서는 다시 한 번 강조하지만 책만한 훌륭한 교사가 없다고 생각한다. 물론 여행을 같이하면 그야말로 완벽하다고 생각한다. 자신이 태어난 나라의 역사와 소명을 이해하고, 드넓은 세계의 폭넓은 지식을 습득하는 데 책만큼 좋은 것은 없다고 생각한다. 독서는 직장생활을 할 때에도 여러 방면에서 많은 도움을 준다. 스스로 해탈해서 성인군자가 되는 직장인은 없다고 본다.

대기업은 많은 스타일의 인재를 원하고 있다. 한명회처럼 총명하고 처신을 잘하는 인재, 세종대왕처럼 훌륭한 리더십과 총명함을 갖고 있는 인재, 장영실처럼 창조적인 인재, 알렉산더 대왕처럼 총명하고 야심이 큰 인재, 카이사르처럼 그릇된 체제를 혁신적으로 과감하게 개선하고 추진할 수 있는 인재 등등. 물론 이러한 인재들을 면접위원들이 면접에서 다 완벽하게 선별해서 선발하거나, 앞서 언급한 거의 천재에 가까운 사원들만 회사에서 원하는 것 역시 아니다.

내가 말하고 싶은 것은, 어떻게 준비하느냐는 여러분들의 몫이고, 확실한 꿈과 가치관, 소신을 갖고 있는 응시자들만이 면접도 당당하게 통과하고 신입사원으로 출발해서 그룹의 수많은 동료들과의 경쟁을 통해 결국은 임원으로 승진하는 회사의 중추적인 인물로 성장한다는 것이다.

사실 입사 후에 대기만성형으로 하나씩 일을 배워가면서 천천히 꿈을 만들어가며 큰 그릇으로 성장하는 사원들이 대부분임은 틀림없다. 하지만 면접을 통해서도 가끔 큰 그릇이 발견되고, 이러한 응시자들은 대부분 기대에 어긋남이 없이 잘 성장한다고 생각한다. 물론 성정과정에서 그에 걸맞은 자양분은 필요하지만 말이다. 아무튼 각자 확실한 가치관과 철학을 갖길 희망하고, 그것을 바탕으로 자기의 꿈을 하나씩 실천해가는 자가 결국은 미래의 승자라고 생각한다.

가끔 나오는 질문이나, 나 같은 경우에는 꼭 했던 질문이다. 아주 민감한 노조 관련 질문이다. 작년까지는 노조 설립과 관련해서 질문하면 대부분의 응시자들은 노조가 필요 없다고 답변했다. 물론 내가 근무했던 기업 얘기다. 이것은 각 기업의 노조환경이 다르므로 다른 답변이 나올 수 있다고 생각한다. 어찌되었든 올해는 완전히 달랐다. 대부분 응시자들의 답변은 노조는 필요하되, 너무 정치성이 강한 과격한 노조는 반대한다는 것이었다.

이는 매우 민감한 질문이기도 하지만 응시자 입장에서는 매우 중요한 답변이다. 자칫 지나치게 강성적으로 답변하면, 솔직함을 넘어 지나치게 정치적 노조를 선호하는 인물로 평가되어 모든 것이 수포로 돌아갈 수도 있다고 생각한다. 노조에 대한 본인의 철학과 의견을 정확히 전달하되, 대부분의 기업들이 과격한 정치적 노조에는 많이 피곤해하고 있다고 이해하면 될 것이다. 기업마다 다르겠지만, 일반적으로 강경한 정치적 노조에 대해서는 부정적인 것이 사실이다. 일부 기업은 무노조를 원칙으로 하고 있다. 자기가 지원하는 회사가 노조와 관련하여 어떤 철학을 갖고 있는지를 미리 확인해서 답변하는 것 또한 요령일 것이다.

더불어 가끔 정치적인 질문하는 경우도 있다. 이것 역시 잘 판단을 해서 답변해야 한다. 자칫 회사가 생각하는 어느 수준을 넘어서 지나치게 어느 한쪽으로 완전히 치우친 것으로 이해하게 되면, 자칫 이것 역시 마이너스 요인이 될 수도 있다. 정치적 답변이 애매한 경우에는 중용도 괜찮은 선택이라고 생각한다. 아직 한국기업은 정치적으로는 중립 또는 보수적이라고 생각한다. 이것 역시 사전에 본인이 지원하는 회사의 정치적 성향에 대해서 알아보면 많은 도움이 되리라 생각한다.

이렇게 해서 자기소개, 학점, 장단점, 투명성, 인간관계, 취미, 가치관까지 마무리되었다. 면접은 일반적으로 약 20~30분으로 진행하기에 앞서 소개한 내용 정도로 마무리된다. 끝으로 면접위원들은 응시자들에게 추가로 하고 싶은 얘기가 있거나 할 말이 있으면 하라고 기회를 준다. 면접 시 자신이 충분히 답변했으면 간략하게 인사로 마무리하면 된다. 그렇지 않고 중간에 좀 엉킨 답변이나 불신을 주었다는 기분이 들면 본인의 의지를 차분하게 Appeal하면 된다. 여기서 너무 오버 하면 당연히 좋을 것이 없다. 그리고 이미 면접위원 대부분이 평가를 마무리했다고 보면 된다.

수고했다는 면접위원의 말을 들으면, 바로 자리에서 일어나 면접위원에게 정중하게 인사하고 면접실을 나가면 면접이 마무리된다. 마지막에 일어서서 인사를 할 때에는 굳이 말은 필요 없고 정중하게 인사하면 좋을 것 같다.

정리하면 면접에서 가장 중요한 것은 정직과 확실한 가치관 그리고 자신감이다. 정직과 가치관을 바탕으로 평소에 자신의 생활, 전공, 직업과 관련한 본인의 철학을 자신감 있게 답변하면 되는 것이다.

다소 두서 없는 면접 관련 이야기를 이렇게 마무리하고, 나의 대기업 직장 경험에 대해서 짧게 이야기하고자 한다. 신입사원연수를 시작으로 임원까지의 각 단계별 직장생활 경험을 스토리 중심으로 정리해 보려고 한다. 신입사원부터 임원까지 나의 회사생활은 정말 다이내믹했다고 생각한다. 그리고 다른 동료들에 비해 혜택을 지나치게 많이 본 것도 사실이다. 하지만 늘 나의 열정은 그들보다 조금은 더 뜨거웠다고 감히 자부한다.

사회생활은 쉬운 것이 하나도 없었다. 무언가를 남보다 빨리 얻는다는 것은 그 만큼 남다른 자기희생에 대한 결과물이었다고 생각한다. 나의 대기업 직장생활은 스물여덟 살 겨울, 신입사원연수원에서 시작되었다.

제4장

신입사원

신입사원연수

　입사 이론시험과 면접을 어렵게 통과한 나는, 연수원에 입소하라는 최종 합격통지서를 받았다. 거기에는 모이는 장소와 날짜, 시간이 제시되어 있었다. 지금의 아내와 데이트를 하고 집에 들어가다가, 습관적으로 확인하는 우체통에서 묵직한 합격통지서 봉투를 발견한 그날의 짜릿함을 지금도 잊지 못한다. 특히 다니던 회사에 사표를 내고 자청한 몇 달간의 백수생활을 하면서 얻은 결과이기에 더욱 짜릿했던 것 같다. 최근엔 나이 제한이 없어지면서 2~3년 경험하다가 입사하는 신입사원들도 많이 늘어난 것으로 안다. 그런 경우는 기분이 더욱 짜릿하리라 생각한다. 그야말로 고진감래가 아닌가 생각한다. 요즘은 아마도 휴대폰이나 이메일, 회사의 홈페이지를 통해 합격통보를 하지 않나 싶다. 어떤 경로를 통해서 받든, 그 기분은 비슷하리라 생각한다.

　간단한 휴대품을 챙겨 아침에 집합장소로 이동해서, 각 회사에서 준비된 대형버스를 타고 그룹 종합연수원으로 이동했다. 연수원이 대부분 깊은 산속의 명당자리에 있는지라, 이동 중에 마음이 차분해지기도 하지만 한편으로는 긴장감과 호기심으로 다들 마음이 들뜬 상태이다. 그 시절에 대졸신입사원연수는 4주간이었다. 전국에서 온 그룹 신입사원연수인지라 기대도 되지만, 사실 모든 신입사원들은 근엄한 연수원 분위기에 압도당해 도착과 함께 바로 바짝 긴장한다. 특히 그룹의 종합연수원은 지금도 그렇지만 그때는 지금보다 훨씬 더 근엄하고 규율이 엄한 장소로 유명했다.

일단 연수복장으로 옷을 갈아입고 미리 받은 이름표와 번호표를 가슴에 달고 대강당에 모여 4주 연수 일정에 대한 오리엔테이션을 받는다. 4주간 신입사원들을 지도하게 될 각 사에서 선발된 지도선배들의 소개와 더불어 교육내용이 자세히 설명되고, 마지막으로 연수원에서 가장 어른이신 원장님의 근엄한 연설로 오리엔테이션이 마무리된다. 그렇게 해서 본격적인 신입사원연수가 시작된다. 강도 높은 교육내용과 더불어 숨쉬기도 어려운 연수원 규율에 다들 바짝 긴장하면서 연수 합숙생활이 시작되었다.

모든 교육장의 교육은 실시간으로 촬영되는 것 같았다. 그 이야기는 교육 중에 졸면 바로 모니터링이 되어 교육 불량자로 명단이 공개된다는 의미다. 물론 촬영의 주 목적은 그것이 아니겠지만, 가끔 그런 용도로도 이용된다. 본보기로 말이다. 4주간 내 옆에 단짝이 있었는데, 이 친구는 그 명단의 단골 손님이었다. 하루의 시작은 새벽 5시 반의 기상음악과 함께 시작된다. 군대와 똑같았다. 모두 운동장에 모여 군대와 비슷하게 인원보고를 한 후에, 애국가와 사가(社歌)를 부르고 체조를 한 후에 연수원 주변을 구보했다. 이것도 군대의 일조점호와 똑같았다. 구보 중에 잡담이나 유행가 노래를 부르다 지도선배에게 걸리면 반성문을 써야 했다. 나의 단짝은 이것 역시 단골이었다. 참고로 그 친구는 차장을 끝으로 나보다 훨씬 먼저 회사를 떠나 지금은 조그만 회사를 운영하는 CEO가 되었다.

　이 모든 것은 물론 과거 연수원의 분위기일 것이다. 지금은 앞서 잠시 소개했지만 IT강국의 위상에 맞는 환경으로 연수원의 분위기가 완전히 전환되었고, 강요보다는 스스로 느끼면서 단결력을 유도하는, 즉 개인의 개성과 역량을 존중하면서 그것을 단체융합 시너지로 승화시키는 프로그램으로 교육 내용이 많이 바뀐 것으로 안다.

　과거의 내용이지만 기억에 남는 교육 몇 개만 소개하면 다음과 같다. 연수교육은 각 반을 약 20명 정도로 나누어 반별로 활동하면서 경쟁을 유도한다.

　교육 프로그램 중에 회사의 제품을 지방도시에 가서 방문 판매하는 것이 있었다. 각 반별로 판매한 이익금을 연수원 입과 후에 처음으로 반별 회식을 갖게 되어 있었다. 모처럼 하는 회식이고, 반별로 단합대회를 한다는 꿈에 부풀어 다들 남 다른 각오로 미장원부터 아파트, 모든 지역을 각 반별 전략을 기반으로 판매를 시작한다. 나는 F반의 반장이었다. F반이라는 이름에 걸맞게 우리 반은 꼴찌를 해서 소주 값 정도의 이익금으로 거의 안주 없이 회식을 한 기억이 난다. 물론 그래도 분위기는 마치 군대에서 휴가를 나온 것과 같이 너무 좋았던 기억이 있다. 모든 프로그램은 반별로 평가되고, 일등과 꼴찌 팀은 연수원 복귀 후에 반장이 공개적으로 발표해야 한다. 200여 명의 인원 앞에 나가서 짧지만 무언가를 얘기하는 것도 쉬운 것이 아닌데, 잘못을 반성하는 연설은 그야말로 죽을 맛이었다. 아무튼 F반은 거의 모든 프로그램에서 꼴찌를 한 덕에 나는 매번 실패 사례를 발표해야만 했다.

　저녁일과는 밤 10시가 넘어야 마무리된다. 그래서 저녁식사 후에도 거의 매일 과제를 갖고 분과별로 토의하곤 했는데, 가끔 분임토의실 안에서 흡연을 즐기다 순찰 중이던 지도선배에게 걸려 군대에서나 했던 '심야 운동장 집합구보'를 했던 기억이 생생하다. 나는 군입대를 겨울에 해서인지, 거의 군대생활을 두 번 하는 것 같았다. 낭연히 춥고 배고팠다. 물론 매번 벌칙사건의 주동은 바로 나의 단짝이었다.

신기한 것은 그 살벌한 규율 속에서도 절대로 하면 안 되는 일이 지속적으로 벌어진다는 것이다. 요즘은 아마도 힘들 것이다. 여성 신입사원들이 많기 때문에 이렇게 규칙을 어겨 벌을 받는 것은 감히 엄두도 낼 수 없을 것만 같았다. 아닌가? 잘 모르겠다. 같은 사람인지라 비슷한 일은 있을 것 같기도 하다. 요즘은 무엇으로 벌칙을 받는지 궁금하다. 아무튼 나는 반장이라는 직책으로 수료할 때까지 반성문을 거의 책 몇 권의 분량을 쓴 것으로 기억한다.

교육 프로그램 중에는 산속에서 정해진 Post를 통과해서 목표를 빠른 시간에 돌파하고 연수원으로 반원들과 함께 복귀하는 활동이 있었다. 장교로 군대생활을 했다는 동료를 믿고 따르다가 반원들에게 밥도 제대로 못 먹이고, 반원들과 밤 늦게까지 달달 떨면서 간신히 구사일생으로 연수원에 복귀한 기억도 생생하다. 리더십이 얼마나 중요한지를 깨달은 교육이었다. 물론 다음날 아침 성과를 정리하는 전체 모임에서 역시 꼴찌 대표로 발표를 했다.

매번 꼴찌로 발표하니 나도 모르게 꼴찌 발표에는 달변이 되었다. 나의 수많은 꼴찌 발표 덕분에 아마도 모든 동기생들이 절차탁마(切磋琢磨)와 권토중래(捲土重來)라는 사자성어는 확실하게 외웠을 것이라 생각한다. 결국은 초지일관, F반은 꼴찌로 마무리되었지만 말이다. 일등을 해본 사람이 같은 조건에서도 일등을 잘한다는 것을 당시 경험했던 것 같다. 물론 리더인 내 책임이 가장 크지 않았나 싶다.

하지만 그래도 한 명의 낙오자 없이 꼴찌 반을 잘 이끌었다는 지도선배의 배려로, 나는 미래의 지도선배로 선정되어 나중에 연수원 후배

신입사원들을 지도하는 지도선배가 될 수 있는 자격을 영광스럽게도 신입사원 연수 수료를 하면서 얻게 되었다. 연수 중에 선배들의 추천으로 차기 지도선배를 선발하게 된다. 물론 바쁜 업무로 연수원 지도선배 경험은 하지 못했지만 말이다.

연수 중에 체험한 잊지 못할 개인적인 추억이 하나 있다. 연수 중에는 전화나 외부와 접촉은 엄하게 금지되어 있다. 물론 그 당시에는 휴대폰이 없었지만 말이다. 교육이 2주가 지날 무렵 지도선배가 사무실로 와서 전화를 받으라는 전갈을 받았다. 급하지 않으면 불가능한 전화이기에 조금은 불안한 마음으로 전화를 받았는데, 전화의 주인공은 바로 나의 여자친구였다. 지금의 아내다. 연수원 상황이 그러니 간략히 말하라고 했더니, 실을 좀 얻어서 반지를 낄 손가락의 치수를 알려달라는 것이었다. 물론 매우 황당했지만, 그 상황이 어떻게 할 수 있는 상황이 아니었다. 스토리는 이렇다. 내가 연수원에 들어오자 아내는 나의 모친과 친정 식구들을 설득하여 나와 약혼하기로 전격적으로 정하고 날짜까지 나의 모친과 잡아버린 것이다.

연수원 사무실만 아니면 할 얘기가 많았지만, 일단 지도선배의 배려로 조용히 치수를 알려주고 전화를 끊었다. 나의 집안과 여자친구 집안과의 복잡한 분위기를 잘 조율한 여자친구가 무척 대견스럽고 고맙기도 했지만, 나로서는 조금 황당한 사건이었다. 약혼날짜도 연수원에서 나온 다음날인 12월 24일이었다. 지금도 이 사건은 가끔 아이들이 아내에게 집요하게 질문 공세를 퍼붓는 화두다. 아이들은 엄마가 만든 인간승리라고 말하고, 아내는 결코 내가 먼저 결혼 프러포즈를 한 것이 아니며, 아빠가 상황상 하지 못하는 것을 대신 풀었을 뿐이라고 아이들에 강조한다.

사실 맞는 얘기다. 우리 집은 독실한 불교 집안이고 아내의 집안은 반대로 독실한 기독교 집안이었기에 어려움이 상당히 많았고, 더욱이 아내는 나보다 한 살이 많았다(학번은 2년이나 빠르다). 또한 내가 아내와 데이트할 때 잠시 백수였기에 양쪽 집안에서는 사실 모두 결혼을 반대했다. 특히 아내 집안에서는 강력히 반대했다. 이 모든 것이 나의 대기업 입사로 다 풀어진 것이다. 물론 아내의 알 수 없는 외교수완이 절대적이었겠지만 말이다. 그래서 나는 연수원에서 나오자마자 친한 고등학교 동창들에게 연락해서, 다음날 아내 집에서 조촐한 약혼식을 치렀다. 친구들도 매우 황당해 했지만 친한 친구들은 다 참석해서 축하해주었다.

그날 약혼식과 관련해서는 딱 한 가지가 생각 난다. 공식적인 행사를 하고 이어진 조촐한 피로연에서 자연스럽게 양가 친구들의 노래대결이 벌어졌다. 다소 서먹한 자리가 노래대결로 분위기가 나름대로 좋아지고 있는데, 평소 분위기파인 친구 하나가 그만 사고를 치고 말았다. 자기 딴에는 본인의 18번을 멋지게 불러 분위기를 띄운다는 것이 피로연 분위기를 갑자기 싸늘하게 만들어버린 것이다. 이 친구가 부른 노래의 첫 가사는 이렇게 시작한다.

"차라리~ 만나지나~ 말 것을……"

나도 「흰구름 먹구름」이라는 이 노래를 참 좋아했었다. 그런데 그날은 군대 화생방 훈련 시 부른 군가(軍歌)처럼 들렸다. 그 친구는 분위기도 파악하지 못하고 2절까지 불렀다.

그날 이후 나는 친구들의 약혼식 사회를 보면서 노래로 인한 비슷한 상황을 아주 많이 경험했다. 지면과 내용상 소개를 다 할 수는 없지만, 아주 기억이 생생한 스토리 하나만 소개하고자 한다. 지금은 미국에서 살고 있는 나의 회사 입사동기의 약혼식이었다. 서울 YMCA에서 하는 약혼식 사회를 부탁하기에 바쁜 업무를 뒤로 하고 사회를 본 적이 있다. 역시 예식행사 후에 피로연이 이어졌다. 약혼식은 앞서 언급했듯이 피로연은 거의 지금의 예능프로그램과 비슷하다. 그날도 나는 양가 친지들의 노래대결로 분위기를 이끌었다. 신랑측은 매우 적극적으로 잘 도와 주었는데, 문제는 신부측이 꿀 먹은 벙어리처럼 좀체 잘 도와 주질 않았다.

그러던 중, 나는 신부측의 가장 어린 하객인 중학교 1학년 여학생에게 먼저 한 곡을 불러보겠냐고 시켰다. 단정하게 교복을 입고 있던 이 어린 친구는 마치 기다렸다는 듯이 벌떡 일어나 큰 목소리로 노래를 부르기 시작했다. 이 친구가 목청을 높인 노래 제목은 아무도 예상치 못한 「소양강 처녀」였다. 어린 여학생의 예상치 못한 열창으로 피로연은 폭소 분위기로 반전되었고, 덕분에 잘 마무리되었다. 이런 이야기 역시 기분 좋은 스토리로 나의 기억 속에 남아, 지금도 가끔 가족들이나 친구들에게 얘길 하곤 한다.

다시 본론으로 돌아가면, 연수과정에 마지막으로 단축마라톤이 있다. 운동에 자신이 있었던 나는, 한번도 해보지 않았던 마라톤을 쉽게 생각하고 넘치는 자만심으로 초반에 승부를 걸었다. 마라톤에 경험이 있는 분들은 쉽게 예상하듯이 중간에 거의 녹초가 되어 포기 직전이었다. 거의 고3 때 하던 체력장 오래 달리기 4km를 생각하고 질주한 결과였다. 하긴 많은 동료들이 나와 비슷하게 경험부족으로 중간에 퍼져 있었다. 하지만 다들 동료들끼리 이끌어주는 협동심으로 무사히 마무리한 좋은 추억이 생각난다. 마지막 마라톤은 각자의 인내심과 협동심을 이끌어 내기 위한 훈련이 아니었나 싶다.

겨울에 추위와 싸우면서 보낸 4주간의 뜨거운 열정의 신입사원연수는 지금도 기억이 생생한 스토리로 마음속에 남아 있다. 아무튼 이렇게 4주 연수를 무사히 마치고 나면 연수생들은 그룹의 전략과 개인의 역량에 맞게 각 사로 나누어져 배치되었다. 나는 당시 전공인력이 턱없이 부족한 전자부문의 회사로 배치되었다.

부서 배치

각 사로 배치되면, 각 사의 특성에 맞게 준비된 인턴 과정이 기다리고 있다. 인턴은 약 2주 정도 한 것 같다. 인턴 과정은 각 사의 연수부서 주관으로 먼저 각 부서를 돌면서 각 부서의 역할과 업무를 간략히 소개를 받는다. 가끔은 환경에 맞게 실습도 했던 것 같다. 각 부문에서는 지금도 그렇지만 신입사원들에게 관심이 많았다. 회사도 군대와 비슷한 데가 있어서, 밑에 부하직원이 없는 사원들은 특히 부하직원이 오기만을 손꼽아 기다린 시절이다.

인턴을 하면서 생겼던 잊지 못할 에피소드가 몇 개 있다. 서울 본사로 인턴을 하기 위해 첫 출근을 한 날이다. 나는 모처럼 장만한 회색 캐주얼을 입고 한껏 멋을 내고 출근했다. 본사에 도착하자마자 한 선배에게 끌려 화장실로 불려갔다. 이유는 바로 캐주얼이었다. 당시 대기업에서는 토요일 외에는 캐주얼 복장을 입지 않는 것이 불문율이었던 것이다. 물론 훈시를 강도 있게 받고 다음날부터는 정장을 하고 출근했지만 기분이 개운치는 않았다. 마음속으로 연수원뿐만 아니라 일반 사무실 환경도 군대하고 비슷했다. 따라서 이런 부분도 사전에 정보를 입수해서 첫 출근의 첫인상을 잘 관리하는 것도 필요하다고 생각한다.

인턴을 하면서 나이로 인해 발생한 해프닝도 잊을 수 없다. 영업부문에서 마지막 인턴을 할 때였다. 공장에서 생산한 제품들이 어떻게 공항까지 배달하는가를 영업부문의 선배를 따라 공장에 가서 직접 경험한 후에, 선배들이 당일 실습에 참여한 나를 포함한 신입사원 4명을 데리고 조촐한 회식을 위해 노량진 수산시장으로 데려갔다. 남자들은 지금도 그렇지만 술 한잔 하면 꼭 나이가 거론된다. 문제는 나와 더불어 그날 합석한 4명의 신입사원들의 나이가 당일 우리들에게 교육을 시켜준 선배사원들 나이와 비슷했다는 것이다. 이유는 당시 전자부문에는 군대특례를 받고 군복무를 하는 대신 방위산업체에서 업무를 하는 제도가 많이 활성화 되어 있었던 때였다. 그런 이유로 군대를 정식으로 다녀오고 다른 회사에서 1년을 경험하고 온 우리 신입사원들과 입사 3~4년 차의 특례혜택을 받은 선배사원들 나이가 비슷하였다.

아무튼 그날 선배들은 본인들의 업무경험을 바탕으로 나름대로 후배들의 기강을 좀 잡고자 했으나, 술이 이미 들어갔고 더욱이 당일 강제로 우리 신입사원들에게 같이 주민증을 꺼내서 상호 나이를 확인하자고 한 것이 결정적인 화근이었다. 이미 술이 거한 상황인지라, 직장생활에서는 나이는 별거 아니라는 선배의 훈시가 주민증 확인으로 인해 우이독경이 되어버린 상황이었다.

나는 혼란스러운 분위기를 정리하고자 선배 셋과 동료 셋을 데리고 동시에 화장실을 단체로 다녀왔다. 화장실을 다녀와서 방에 들어가니, 방에 남아 있던 동료와 선배사원이 이미 술기운에 일어서서 상당히 호전적인 분위기를 연출하고 있었다. 그런데 선배사원의 바지를 보니 엉덩이가 빨간 물로 동그랗게 젖어 있었다. 자세히 보니 매운탕 냄비 자국이었다. 사건인즉, 남아 있던 동료 신입사원이 같은 방에 있던 선배사원과 논쟁하다가 덩치가 상대적으로 작고 술에 취한 선배사원을 그만 번쩍 들어서 매운탕 냄비 위에 올려놓은 것이다.

그 당시 하극상은 군대와 같은 수준으로 취급을 당했기에 우린 매우 당혹스러워 순간 술이 확 깼다. 이번에도 사고를 친 동료는 바로 연수원의 사고뭉치였던 나의 연수원 단짝이었다. 참으로 질긴 인연이었다. 아무튼 사태가 심상치 않은지라, 우린 서둘러서 선배들에게 사과하고 계산을 한 뒤에 다들 귀가했다.

아침에 영업부문으로 인사하기 위해 출근했는데, 엉덩이를 적신 그 선배가 다가와서 알지 못하는 카드 영수증을 협박의 눈빛으로 보여주는 것이었다. 알고 보니 그것은 바로 나의 연수원 단짝과 같이 전날 밤 귀가하다가 술기운에 다시 둘이서 술을 한잔 더 하러 갔었고, 나의 단짝이 술 취한 선배의 카드로 결재를 해버린 것이었다. 참 동기지만 대단한 X였다. 아무튼 이 선배는 술에 취해 기억이 없다가, 아침에서야 사실을 안 것이다. 끔찍한 바지 사건을 포함해서 말이다. 술값도 상당히 많이 나온 것을 보니 고급술집에 간 것 같았다. 그뿐이겠는가. 늦게 들어갔고 완전히 망가졌으니 아마도 집에서 아내에게 엄청 시달렸을 것은 쉽게 예측되었다.

아무튼 다행히 그 부서에서 그날이 마지막 날이라 별 탈은 없었지만, 나이 때문에 아주 고달픈 인턴생활을 할뻔한 스토리였다. 나이에 관련해서는 주의하기 바란다. 특히 남자들의 경우는 사회생활을 하면서 정말 많은 에피소드를 만든다. 나이에 상관없이 상대를 존중하고 겸손할 줄 아는 예의가 사회생활을 하는 데 아주 중요한 요소가 된다.

이렇게 인턴 과정을 진행하면서 각 개인별 부서면담이 이루어져 부서 배치가 된다. 물론 중간에 인기가 없는 부서의 경우는 여러 가지 방법을 통해서 자기 부서에 꼭 오라는 PR을 강력히 하곤 했던 기억이 있다. 부서 배치 면담에서 주의할 것은 필히 자신의 꿈과 미래를 보고 거기에 맞는 사업장이나 부서를 꼭 선택하라는 것이다. 대부분이 단순한 외관상의 조건으로만 평가하는 경우가 많은데, 지금 당장 시작은 좀 어려워도 보다 도전적이고 미래가 있는 사업장을 지원하면 10년 뒤에는 동기들과는 확연히 다른 위치를 확보하게 된다. 나는 이것을 확실하게 경험했다.

또한 회사의 입장과 본인의 입장이 다를 경우가 많은데, 이럴 경우에도 본인이 나중에 후회하지 않기 위해서는 본인의 의지와 같이 배치되도록 최선을 다 해보고 끝까지 여의치 않을 경우에는 회사의 의견을 따르는 것이 좋다고 생각한다. 물론 배치 면담에서의 본인의 의견을 주장할 때에는 예의가 중요하다고 생각한다. 무작정 우기는 타입의 협상은 백전백패다. 예의를 갖추고 정중하게 논리적으로 자기 주장을 하는 것은 주관이 있는 것으로 판단되기 때문에 설령 회사의 의견과 배치되더라도 나쁜 인상을 받지 않게 된다. 그 반대의 경우는 초기부터 인사부서로부터 단순한 고집불통이라는 좋지 않은 인상을 남기게 된다. 배치 면담도 결국은 면담이므로 앞에서 설명한 면접 내용을 참고해서 대응하길 권한다.

아무튼 이렇게 해서 부서 배치가 되면, 부서별 교육이 진행된다. 그야말로 끊임없는 교육의 연속이다. 성격이 급한 신입사원은 교육만 받다가 지겨워 퇴사하는 경우도 아주 드물게 있었다. 물론 더 좋은 곳으로 갔겠지만 말이다.

일단 부서 배치가 되면, 일반적으로 부서의 대표 선배사원이 각 부문을 돌면서 각 관련 부문의 부장들에게 인사를 시켜준다. 부서 내의 짧은 교육 후에 부서 내에서 다시 과별로 업무가 정해지고, 그때부터 내가 할 업무가 결정된다. 그렇게 되면 업무에 대해 선배가 정해지고, 선배의 지도 아래 업무가 시작된다. 나는 전자공학을 전공한지라 기술부문에 배치되었고, 제품의 불량을 선별하기 위한 검사프로그램을 개발하는 업무를 받았다.

자기 업무를 확실하게 장악하는 것은 직장생활의 가장 기본이다. 설비도 다시 배워야 하고 당연히 설비에서 사용되는 소프트웨어도 다시 배워야 했다. 가장 신기했던 것은 CAD를 배웠던 기억이다. 손으로 그리는 방법에서 나의 창의적인 생각을 컴퓨터로 그림을 그려 만드는 기법인 CAD가 아주 신기하고 재미있었다. 물론 지금은 아주 평범한 기술이지만, 당시 우리나라에는 처음으로 도입된 신기술이었다.

배우는 방법은 간단했다. 그것은 바로 독학(self study)이었다. 혼자 독하게 공부하는 것이 독학이라는 선배의 설명. 사실 나는 입사하면 같은 부서의 선배가 시간을 내어 잘 알려줄 것이라고 굳게 믿고 있었다. 현업 배치 첫날, 그것이 얼마나 철없고 순진한 짝사랑이었는지 바로 알았다. 일단 영어로 된 묵직한 매뉴얼을 받았다. 가보(家寶)로 생각하고 잘 보관하라는 말과 함께 말이다. 어느 부분까지 열심히 공부해서 언제까지 세미나 계획을 전 부서원에게 공표하라는 지시를 받았다. 끝이다. 나머지는 공부하다가 알아서 개인적으로 선배를 찾아가서 물어보고 답을 찾아야 한다. 쉽지 않은 과정이었다. 하지만 이 과정을 통과하면서 내 실력이 스스로 좋아지는 것을 느끼며 성취감을 만끽하게 된다.

앞에서도 잠시 소개했지만, 나는 이 과정을 통해서 대학에서 배우지 못한 실전용 공부를 많이 했다. 제품의 내부회로가 Set에서 어떻게 동작하는지에 대한 실질적인 원리부터, 그것을 검사하기 위한 소프트웨어와 하드웨어에 대해 처음부터 다시 배웠다. 사실 이런 것은 당시 대학시절에는 전혀 경험하지 못한 것들이었다. 고달프고 힘들었지만 성취감으로 가득한 시간이었다.

매일 새벽에 통근버스를 타고 출근하고, 늦은 밤에 막차를 타고 퇴근했지만 매일 새로운 지식을 습득하는 흥분의 연속이었다. 주말에는 항시 세미나가 기다리고 있었고, 선배들의 혹독한 질문과 질타가 이어졌지만 최대한 즐기려고 노력했다. 나의 미래를 위해서 말이다.

모르는 부분에 대해서는 매일 밤 연구소를 불시에 방문해서 연구원들을 괴롭힌 기억이 난다. 사실 세미나는 횟수가 줄어들 뿐이지 업무를 하면서 계속 진행된다. 밤 10시에 퇴근하면서 영어 설비 매뉴얼을 집에 갖고 가서 읽다가 잠이 든 적이 한두 번이 아니었다. 나만 그런 것이 아니었다. 특히 신입사원들의 세미나는 특별히 급한 일이 없는 한 일반적으로 팀장, 부장까지 참석해서 진지하게 진행된다. 물론 중간에 질문에 대한 답변이 부실하면 어김없이 바로 중지하고 같은 내용의 세미나를 다시 준비해서 통과가 될 때까지 한다. 그런 혹독한 실습이 24년간 직장생활의 기본이 되었다고 본다.

2년 차부터는 선배들과 협의해서 회사 내의 기술연수원에서 진행하는 기술교육에 참여할 수 있었다. 과목은 내가 정하고 부서 내의 선배와 사전에 협의만 하면 되는 것이다. 교육은 합숙으로 진행되었다.

이렇게 갈고 닦은 업무를 현장에 적용하기 위해 현장에 처음 간 날의 기억이 생생하다. 현장의 큰 문을 밀고 급히 들어가는데 그 시간이 하필이면 현장작업자들의 업무교대시간이었다. 현장의 출입구 문을 중심으로 키가 나보다 더 크고 덩치가 상당한 여자조장이 서 있었고, 양쪽에는 여성 작업자들이 군대처럼 조장을 보며 길게 줄을 서 있었다. 나는 그 엄숙한 분위기에 주눅이 들어, 옆으로 잠시 자리를 피해 업무

교대가 끝나길 기다리고 있었다. 그야말로 군대보다 더 살벌한(?) 근무 교대가 이루어지고 있었다.

교육 중간에 조장이 무슨 이유인지는 모르겠지만 모 여사원을 불렀고, 지적을 받은 여사원은 쏜살같이 조장에게 뛰어갔다. 그리고 조장은 무슨 이유에서인지 그 여사원의 뺨을 후려갈겼다. 나는 내 눈을 의심했다. '아니 현장에서 어떻게 이런 일이. 그것도 여사원들에게.' 이렇게 생각이면서 '현장도 군대구나' 하고 생각하며 앞으로의 직장생활이 순탄치 않겠다 생각했다.

그 후로 현장에서 실험할 설비를 대여 받을 때마다 그날의 덩치 큰 여자조장이 사실 한동안 두렵게 느껴졌다. 사실 당시에는 품질문제가 많이 발생하던 때라 작업자들에 대한 업무강도는 상상을 초월했다. 아무튼 나는 그 살벌한 분위기의 현장에서 설비를 잘 대여받기 위해서는 현장관리자들과의 관계가 중요하다는 것을 첫날 알았다.

나의 첫 번째 전략은 바로 인사 잘하기였다. 하루에 몇 번을 봐도 계속 미소를 지으며 인사를 했다. 시작이 좀 서먹하지 결과는 확실하게 통했다. 두 번째 전략은 현장 중심의 업무였다. 현장에서 요청하는 것은 밤을 새워서라도 성심성의로 최선을 다했다. 이것 역시 확실하게 통했다. 지성감천(至誠感天). 아무튼 지금 만약에 조장이 현장의 여사원들을 과거와 같이 대하면 조장은 바로 퇴사조치를 당하고 심할 경우는 구속까지 될 수도 있다. 하지만 당시에는 정말 그랬다. 내가 근무한 사무실 건물의 옥상바닥에는 자갈이 깔려 있었다. 믿기지 않겠지만 나는 선배사원의 호출을 받아 올라가서 군대에서나 하던 원산폭격을 옥상의 자갈 위에서 많이 받았다. 지금은 다 없어진 군대의 산물이지만 말이다.

이렇게 신입사원으로 1년을 보낼 즈음에 그룹에서 신입사원 1년 차

사원들을 대상으로 그룹보수교육이 실시된다. 입사를 해서 각 그룹에 배치되어 근무를 1년 정도하는 시기에 전체를 다시 모아 그룹의 정식 사원으로서 회사에 대한 자부심을 갖기 위한 행사다. 당시에는 국립공원을 주로 이용해서 2박 3일 일정으로 진행했지만, 최근에는 스키장이나 아니면 휴양지에 하는 것으로 알고 있다. 아무튼 그 교육을 마치면 다들 정식 대기업의 사원이 되었다는 성취감을 느끼곤 했다.

이 시기에 나는 개인적으로 또 다른 경험을 했다. 본가에서 신혼살림을 하던 중에 어느 날 모친으로부터 갑자기 독립하라는 일방적 통보를 받았다. 아내하고 나는 어른을 모시지 못하는 죄송한 마음도 있었지만 신혼인지라 솔직히 기쁜 마음도 있었다. 문제는 집을 얻을 만한 자금이 없었다는 것이다. 턱없이 부족했다. 자수성가하라는 가르침으로 이해하고 이사를 결심했다.

모친께서 조금 보태주신 자금으로 서울 독산동에 있는 방 하나짜리 연립주택으로 신혼살림을 꾸려 이사를 갔다. 이사간 다음날 아침에 화장실을 갔는데 공동화장실 앞에 줄을 서 있는 사람들을 보고 기겁했다. 당시 아내는 이미 첫 아이를 임신한 상황이라 도저히 안 되겠다 싶어 회사에서 융자를 받아 바로 독채로 이사를 했다. 그런 후에 첫아이를 낳고 다시 조금 늘려서 처음으로 17평 아파트로 이사를 갔다. 부족함 없이 살아왔던 아내에게 너무도 미안했다. 작지만 작은 아파트로 이사를 간 날 아내는 너무 좋아했다.

그렇게 나의 대기업 사원생활은 조금씩 변화가 생기기 시작했다. 아마 요즘도 서울의 아파트 값이 워낙 비싸서 결혼을 앞둔 남자분들은 고민이 많을 것이라 생각한다. 작은 전세부터 시작해서 조금씩 늘려가는 재미도 쏠쏠하다.

아무튼 나는 바쁜 업무로 인해 신입사원부터 대리 때까지는 두 달에

한 번 정도 쉰 것으로 기억한다. 그 당시 회사에서 생산하는 제품들은 우리나라에서는 처음으로 생산하는 제품이었기에 상대적으로 일본이나 미국에 비해 품질이 많이 뒤져있어서 할 일이 끝이 없었다.

한번은 회사의 경영층에서 품질이 가장 까다로운 미국 자동차회사에 태극기를 꽂으라는 지시가 내려온 적이 있었다. 아니 에베레스트 산도 아니고 무슨 태극기를. 그 의미는 출장을 가서야 알았다. 처음 가보는 해외출장이었다.

두 가지가 생각난다. 하나는 우리가 방문한 회사가 당시 미국에서 가장 큰 자동차회사였다. 그 회사 로비에 도착하자 한쪽 벽면에 각 나라의 국기가 진열되어 있는 것을 볼 수 있었다. 그것은 바로 그 회사에 납품하는 업체들이 속해 있는 나라의 국기였다. 그래서 경영층에서는 그 회사에 납품해서 태극기를 진열하라는 뜻이었다. 하지만 첫 출장에서는 실패하고 말았다. 이유는 품질이었다. 자동차회사의 품질 수준을 잘못 판단한 자료도 문제가 되었다. 그 회사의 품질분석 능력은 당시 상상을 초월했다. 지금도 자동차 관련 제품은 최고의 품질 제품만 공급이 가능하다. 사람의 생명과 직결되어 있으니 당연하다고 생각한다. 품질을 업그레이드 해서 몇 년 뒤에 결국 태극기를 꽂았다.

다른 기억 하나는, 아침에는 통상 호텔에서 가볍게 아침을 먹고 출근했는데, 하루는 호텔 부근에 있는 식당에서 아침을 먹어보기로 하고 식당을 찾은 적이 있었다. 영어와 미국문화에 익숙하지 않은 우리는, 미국식당에서 처음으로 하는 음식주문이 결코 쉬운 일이 아니었다. 그래서 다들 힘들게 각자 주문을 대충하고 넘어갔는데, 한 선배가 얼떨결에 잘 알아듣지 못하고 "OK"를 했는데, 나온 음식이 빨간 팬케이크였다. 너무 달아서 먹지 못하고 결국 주문한 음식을 같이 나누어 먹은 기억이 있다. 나중에 알았지만 미국에서는 팬케이크와 함께 커피 한잔으로 아침을 즐긴다고 한다. 앞에서도 이미 언급했지만 사용할 수 있는 생활영어회화를 배우는 것은 이와 같이 실전에서는 매우 긴요한 실전무기가 된다는 것을 잊지 말기 바란다.

이렇게 바쁜 업무를 하면서도 샐러리맨들의 낭만은 당연히 있었다. 회사 앞의 선술집은 늦은 퇴근시간 후나 잠시 나와서 머리를 식히는 장소였다. 당시에는 각자 맡은 업무를 마무리하기 위해 회사에서 밤을 새고 새벽에 퇴근하는 경우도 많았다. 늦은 적막한 밤에 몇몇 동료들과 선술집에서 어려운 일을 마친 성취감을 갖고 마시는 소주 한잔은 유일한 낭만이었다. 집에서는 아내가 기다리다 지쳐 대부분 먼저 자는 경우가 많았다.

당시에는 신용카드가 활성화되지 않았던 시기인지라 외상장부에 이름을 올리고 대부분 자기가 선호하는 단골 선술집에서 술을 마셨다. 거의 모든 부서원이 외상장부에 이름이 올라 있을 정도였다. 그렇게 해서 월말에 월급봉투를 받으면 대부분 먼저 외상을 갚고 집에 갖다 주곤 했다.

그러던 어느 날 전산의 발달로 봉급이 월급봉투에서 계좌이체로 전환되었다. 문제가 터졌다. 아내에게 외상값을 받아 내지 못한 대부분의 사원이 외상값을 제때에 갚지 못하는 상황이 벌어진 것이다. 아내가 친절하게 한 달 동안 고생했다고 하면서 외상값을 주는 집이 얼마나 있었겠는가? 시대변화에 역시 대응을 잘하지 못한 선술집 주인아주머니가 결국 참다 못해 정문 경비실에 외상장부를 들고 들이닥친 것이다. 결국은 다음날 모두 인사부서로부터 경고장을 받고, 바로 외상을 갚는 해프닝으로 마무리되었지만, 그 시대가 갖고 있던 봉급쟁이들의 자화상이 아닌가 싶다.

사원시절에 나는 개인적으로 프로 스포츠 경기를 관람하는 것이 취미생활 중의 하나였는데, 회사생활을 하면서 많이 즐기지 못했다. 이유는 두 가지다. 하나는 시간이 안 되었고, 다른 하나는 당시 내가 일하던 사업장이 있던 도시에는 프로축구와 프로야구단이 없었다. 개인적으론 늘 불만이었다. 사실 퇴근 후에 캔맥주 하나를 들고 직장동료들과 같이 경기장에서 소리치는 것만큼 좋은 스트레스 해소방법도 없을 것이다. 그렇지만 대부분의 대기업 직원들에게는 꿈 같은 일이었다. 물론 주말을 이용해서 정기적으로 가족이나 동료사원들과 즐기는 마니아들도 많고, 사업장이 있는 도시에 프로 스포츠 구단이 있는 경우는 상대적으로 기회가 많을 것이라 생각한다.

어느 기업이나 다 그렇지만 특히 대기업 내에는 많은 동호회 모임이 있다. 거의 모든 종목이 다 있다고 생각하면 된다. 계절별 스포츠도 있고, 없는 것은 본인이 신청만 하면 신규로 만들 수도 있다. 나는 개인적으로 축구동호회 활동을 아주 오랫동안 했다. 초등학교 때부터 축구를 아주 좋아했고, 동네축구이지만 군대생활 때까지 줄곧 소속단체의 대표로 활동해왔다. 비록 동네축구지만 말이다. 믿기 어렵겠지만 내가 축구화를 정식으로 신고 공을 찬 것은 우습게도 회사 동호회 활동을 하기 시작한 후부터다. 사실 내 기억에는 대학졸업 때까지 축구화를 신고 축구 하는 것을 내 주변에서는 본 적이 거의 없었다. 당시 시대적 상황으로 금전적인 문제도 있었겠지만, 그보다는 회사의 동호회 활동이 생각 이상으로 체계적이라는 것이다. 대기업의 장점도 이런 부분에 있으리라 생각한다.

예를 들면 회사의 그룹체전 당시, 나는 사업장 대표로 선발되어 선배사원들의 따가운 눈치를 받으며 일정 기간 합숙하며, 매일 오후시간에는 축구만 했던 적이 있었다. 약 한 달간 준비하는데, 이때에 초빙된 코치는 놀랍게도 국가대표 상비군 코치였다. 회사의 도움 없이는 당연히 불가능한 일이다. 그 당시 기억은, 공은 거의 만져보지 못하고 매일 체력훈련으로 보낸 기억이 난다. 아마추어 축구는 체력이라며 완전히 진을 빼는 훈련이었다. 당시에는 아내가 그렇지 않아도 일에 시달려 마른 몸을 축낸다고 무지하게 반대를 했었다. 그래도 항상 참석했다. 아마도 그것이 나의 유일한 탈출구라고 생각했기 때문일 것이다. 나의 이런 열정적인 동호회 활동은 수석 때까지 해왔다. 아무튼 지금의 체력과 축구를 이해하는 남다른 수준은 그 덕분이 아닌가 생각한다.

당시 바쁜 업무에 이러한 취미생활 탈출구가 없었으면 업무적으로 많이 힘이 들었을 것이라 생각한다. 나는 이렇게 바쁜 업무를 하던 중에 상사가 어렵게 배려해준 덕분에 그룹 어학연수원에 입소하는 좋은 기회를 얻게 되었다.

당시 사원들이 가장 선망하는 교육 중의 하나가 바로 그룹 어학교육이었다. 이것은 지금도 마찬가지가 아닌가 생각한다. 사실은 어학실력을 향상시키고자 하는 열망도 있었지만, 힘든 현업의 업무를 탈출하고 싶은 마음도 있었다.

그룹 어학연수원은 공부에 매진하는 장소인지라 대부분 산속 깊은 곳에 자리하고 있다. 하지만 그곳은 내가 생각했던 것보다 훨씬 강력한 스파르타 식으로 운영되고 있었다. 연수원의 강도 높은 교육에 대한 스트레스로 주말에 외박을 나와 몸 져 누운 사원도 있었다. 물론 강사는 회사에서 선별한 국내 최고의 외국인 강사였지만, 이미 그 강사들은 그룹 어학연수원에서 오랫동안 일하면서 회사의 속성을 잘 이해하는, 원생들 입장에서 보면 아주 무서운 강사들이었다.

일단 연수원에 들어가면 한국어는 어느 장소에서도 사용이 불가능했다. 한국어를 사용하다가 걸리면 외박 금지이고 반복해서 걸리면 바로 귀사 조치된다. 그러다 보니 강의가 시작되는 첫 주의 식당은 아주 조용하다. 특히 외국인 강사들과는 식사를 같이하지 않으려고 피하기 바쁘다. 서툴지만 외국어로 말이 조금씩 터지는 두 번째 주부터는 서서히 식당 분위기가 바뀐다. 나중에는 강사들이 귀찮아서 피할 정도로 상황으로 바뀐다.

주말에는 외박이 가능했지만, 매주 금요일 오후에 시험을 본 후 성적이 오른 사원들만 주말외박을 허락 받았다. 물론 성적은 실명으로, 공개적으로 공개한다. 지금은 이런 부분이 많이 개선된 것으로 알고 있다. 지금은 기본적인 영어실력이 없으면 추천되지 않는 것으로 알고 있다. 기본적인 것은 스스로 준비하고 연수원에 와서는 확실하게 업그레이드를 하라는 것이다. 따라서 최근에는 경쟁이 치열한 것으로 알고 있다. 이유는 다들 영어를 평소에 준비하기 때문이다. 그래서 일단은 주재원 대상자가 가장 우선이다. 10주간의 어학연수를 마치고 나는 영어 어학자격을 획득한 후 다시 원래의 부서로 업무복귀를 했고, 어느덧 나는 흔히 진정한 대기업의 사원이라고 인정하는 입사 3년 차에 이미 아이 둘의 아빠가 되어있었다.

일이 너무 힘들어 입사 1년 차에 영업부문으로 가겠다고 선배에게 술을 마시고 떼를 썼던 기억과 신혼여행에서 돌아온 근무 첫날, 고객의 클레임 대책을 세우기 위해 밤을 꼬박 새웠던 기억이 난다. 매일 늦은 귀가로 아내 혼자 거의 아이들을 다 키웠다. 지금도 그 부분이 너무 미안하다. 그렇게 열정을 무기로 과중한 업무를 하고 있던 어느 날, 나는 입사 3년 차에 정말로 꿈에 그리던 유럽 프로젝트의 연수멤버로 발탁된다.

제5장

입사 3년 차

유럽 3개월 연수

내가 유럽 연수 멤버로 선발된 이유는 열정적인 업무성과가 가장 중요한 결정적인 포인트였겠지만, 동기들에 비해 먼저 갖춘 영어회화 자격도 주요 요인이 되었다. 영어로 하는 연수인데 영어를 못한다고 생각해보면 쉽게 이해가 갈 것이다. 앞에서도 소개했지만 군 제대 후에 한남동 캐나다 아주머니에게 배운 영어회화가 절대적으로 도움이 된 것은 당연지사다.

당시 해외여행이 쉽지 않았던 시기에 유럽 3개월 연수는 나의 시야를 본격적으로 세계무대로 돌리게 했고, 나의 직장생활의 큰 전환점이 되었다. 연수 후에 나는 연수를 통해 배운 기술을 기반으로 연수 동료, 선배들과 함께 당시 전량 수입에 의존하던 주요 제품의 국산화를 성공적으로 마무리해서 회사 발전에 기여했다. 그리고 그 당시 유럽의 주재원들의 열정적인 업무와 유럽생활을 직접 보고, 나도 언젠가는 기회가 주어지면 꼭 주재원으로 근무를 해보고 싶다는 꿈을 가지게 되었다. 진정한 꿈은 이루어진다고 믿었다.

당시 장기 해외출장을 갈 경우에는 장충동에 있는 모 장소에 가서 해외활동 주의사항을 모두 받고 나서야 해외 여행이 가능했다. 물론 그 후엔 이러한 과정이 없어진 것으로 안다. 아무튼 이렇게 출발해서 우린 비행기를 몇 번 갈아 타고 목적지인 벨기에에 도착했다.

그때는 1989년인지라 88올림픽이 끝난 시점이어서 우린 대한민국이라는 나라가 유럽에 많이 알려진 줄 알았다. 유럽에 도착하자마자 대부분의 유럽 사람들이 대한민국이라는 나라가 있는 것 자체를 모르는 것에 깜짝 놀랐다. 사실 나중에 알았지만 유럽은 올림픽에는 그렇게 관심이 많지 않았다. 지금도 비슷하리라 생각한다. 아마도 오히려 2002년 월드컵으로 오히려 더 많이 알려지지 않았을까 생각한다. 아니 확신한다. 유럽은 거의 축구에 미쳐 있는 대륙이니 말이다.

두세 가지 에피소드가 생각난다. 공부하던 샘플을 무심코 갖고 나오다가 정문 보안요원에게 걸려서 산업스파이로 몰린 사건이 한 번 있었다. 기술연수는 고층건물 몇 개가 이어져 있는 본사 건물에서 대부분 진행되었다. 나중에 알았지만 그 큰 건물의 직원들 출입구는 오직 하나였다. 그것도 지금의 국제공항같이 한 사람씩 통과하는 출입구였다. 이유는 철저한 보안 때문이었다. 연수를 하던 첫 주에 무심코 연수수업 중에 사용되었던 샘플을 갖고 나가다가 금속탐지기에 걸려서 한 선배가 산업스파이로 몰린 것이다.

연수생 전원이 보안사무실로 불려가 조사를 받고, 보안재교육은 물론이고 보안서약서에 서명을 한 후에야 사건이 마무리되었고, 밤늦게 퇴근했던 사건이었다. 신중하지 못한 보안의식으로 인해 연수 첫 주만에 국제적으로 망신을 당하고 돌아올뻔한 사고였다. 물론 지금 국내 모든 대기업의 보안 시스템은 세계적 수준이다. 이유는 기술유출로 회사가 받는 손해는 상상을 초월하기 때문이다. 아무튼 배우기에 급급했던 당시 우리나라의 보안 시스템은 아주 미흡했다. 의식 수준도 비슷했다.

다른 하나는 생전 처음 마셔본 흑맥주로 인한 사건이다. 유럽에는 중세 길드상인들의 창고를 개조한 나름대로 운치가 있는 멋진 호프집이 많이 있다. 매일 새로운 기술을 배우기 위해 전념하던 어느 날, 법인에서 연수로 고생하는 연수생들과 일에 바쁜 주재원 가족들을 위해 주말 야외 바비큐 파티를 한다는 연락을 받았다. 모두 들뜬 마음으로 금요일 오후에 연수를 마치고 앞서 언급한 분위기 있는 호프집에서 연수생들과 유럽에서 유명한 흑맥주를 가볍게 한잔하기로 하고 갔다. 주말 밤이었고, 네덜란드와 가까운 도시인지라 맥주를 좋아하는 여러 나라 젊은이들로 호프집은 꽉 차 있었다. 그러다 보니 술이 조금 들어가자 분위기가 나라별 술과 노래 대결로 변해버렸다.

올림픽을 주최한 나라의 국민으로서 이 기회에 대한민국을 알리자는 지나친 애국심으로 우린 몸을 사리지 않았고, 나는 각 나라의 젊은이들과 같이 그야말로 신명 나게 어울렸다. 문제는 한번도 마셔본 적이 없는 흑맥주의 알코올 도수가 일반 맥주보다 훨씬 세다는 것을 몰랐다는 것이다. 그날 모두 다 어떻게 숙소로 돌아왔는지 모를 정도로 취해서 숙소로 복귀했고, 늦은 정오쯤에 일어나 보니 숙소엔 나 혼자만 덩그러니 있었다. 바비큐파티 대신에 만취로 어질어진 숙소를 청소하며 오후시간을 보낸 기억이 난다. 지금도 흑맥주를 보면 중세 분위기의 길드 호프집을 포함해서 모든 것이 생각난다. 나의 잊지 못할 유럽 흑맥주 스토리로 말이다.

당시 연수의 베이스캠프인 벨기에는 유럽 여행하기에 지리적으로 아주 적합한 지역이었다. 그래서 한번은 연휴를 이용하여 늘 달력의 사진을 통해서만 보고 선망했던 스위스 융프라우 산을 가보자고 연수생들이 의견을 모아 사전에 나름대로 준비해서 첫 스위스 여행을 떠난 적이 있었다.

우리는 Rent한 차로 벨기에를 출발해서 중간에 여러 유럽 나라를 거쳐 가면서 그림으로만 보았던 멋진 유럽의 풍경을 원 없이 즐겼다. 물론 본의 아니게 발생한 문제도 많이 있었다. 특히 여러 나라를 거쳐 도착한 프랑스의 국경 들판에 가득 핀 노란 유채꽃 풍경은 지금도 선명하게 생각난다.

우린 역사 시간이나 영화 속에서만 보았던 센 강변의 벤치에서 점심을 해결하기로 하고, 주변에 있는 식품점에서 샌드위치 몇 개와 와인 한 병을 사서 센 강변으로 갔다. 주차하고 벤치에서 간단한 식사와 와인을 마시면서 나름대로 낭만적인 분위기를 내려고 했으나, 실제로 남자 4명이 강변 벤치에 앉아 샌드위치를 먹으면서 낭만을 찾기란 쉽지 않았다. 마치 분위기가 프랑스에서 불법 체류하며 돈을 벌고 있는 외국인 근로자들 혹은 그 이하의 분위기로 쉽게 오해될 것이란 생각이 들었다. 그리고 대부분이 연인들이 즐기는 장소인지라 서둘러 자리를 뜨기로 하고, 와인을 다 비우고 스위스로 출발했다.

센 강을 출발해서 도심으로 들어오는 입구에서 교통경찰에게 걸리는 예상치 않은 문제가 발생했다. 경찰이 왜 차를 세우라고 하는지도 알 수 없었지만, 프랑스에서는 경찰에 순응하지 않으면 바로 철창 행이라는 정보를 사전에 입수했기에 바짝 긴장된 마음으로 차를 세웠다.

사실 당시 우린 두 가지 결정적인 문제가 있었다. 하나는 당시 운전자하고 국면허 소지자하고 다르다는 것, 즉 무면허 운전이었다. 또 하나는 운전자 역시 와인을 마셨다는 것이다. 음주에 무면허 운전. 지금 생각해도 등에서 식은땀이 나는 상황이니 당시는 정말 앞이 캄캄했다. 짧은 시간이었지만 만감이 교차했다. 프랑스 철창, 상사와 아내의 실망

내지는 원망의 얼굴 등등. 하나라도 피해보고자 차를 세우고 경찰이 다가오는 시간에 자리를 바꿔 앉으려 했으나 시간이 턱없이 부족했다. 자칫 걸리면 가중 처벌도 있을 것 같고, 사실 차도 가장 적은 돈으로 간신히 빌린 폴크스바겐이라는 당시 가장 작은 차여서 물리적으로도 힘든 상황이었다. 그래서 우린 부득이 정면돌파하기로 하고, 뒤에 앉은 선배의 국제면허증을 음주를 한 운전자 선배가 경찰에게 제시했다.

다행히 운전자 이 대리는 술에 얼굴이 빨갛게 변하는 체질이 아니었다. 경찰은 우리를 일본 관광객으로 알고 어설픈 일본어로 우리에게 인사하면서 짧은 영어로 몇 가지를 물었지만, 우린 줄곧 영어를 못하는 척하면서 한국어로 엉뚱한 대답만 했다. 면허증의 사진과 운전자의 얼굴을 몇 번 보더니 귀찮은 듯이 가라고 하는 것이다. 다행히 동양인을 사진만 갖고 구분이 어려웠던 것 같았다. 그리고 그 경찰은 우리를 계속 일본 관광객으로 알고 있었던 같았다. 당시 일본 부자 관광객들이 유럽여행에서 뿌리는 돈이 각 나라의 재정에 많은 도움을 주고 있는 상황도 작용한 것 같았다. 아무튼 우린 얻고자 했던 최고의 결과를 너무 쉽게 얻었다는 안도의 마음으로 운전자인 이 대리에게 빨리 출발하라고 한국말로 모두 아우성을 쳤다.

문제는 위기를 넘겼다고 판단한 이 대리가 또 사고를 치고 말았다. 영어를 못 알아 듣는 척하며 한마디 답변도 하지 않았던 이 대리가 그만 넉살 좋게 스위스를 가려면 어느 쪽으로 가야 하냐고 영어로 질문을 해버린 것이었다. 그러나 다행히 경찰도 얼떨결에 대답을 해준 것 같았다. 그제야 분위기를 파악한 우리의 용감한 운전자 이 대리는 "아리가토 고자이마스"를 외치며 액셀러레이터를 힘차게 밟아 그 자리를 탈출했다. 출발하면서 뒤 창문으로 경찰을 보니, 경찰 역시 우릴 한참 바라보고 있었다. 파리 철창 행은 물론이고 회사에서 강제퇴출 당할뻔한 아찔한 순간이었다. 운전자가 마신 와인도 문제였겠지만, 무모하게 무면허로 운전했으니 말이다.

하긴 무면허 운전은 우리에겐 불가피한 상황이었다. 연수기간에 연수생들은 마음에 맞는 사람들끼리 조를 구성해서 한 아파트에 3~4명 정도 같이 생활했다. 내가 묵는 아파트의 연수생 중에서 국제면허를 갖고 있는 것은 오직 김 대리 한 명뿐이었다. 문제는 면허가 우리가 흔히 말하는 장롱면허인지라 면허를 취득한 후에 운전을 해본 적이 없다는 것이다. 사실 그 당시에는 자기 차를 갖고 있는 직장인이 거의 없었던 시기였다. 특히 사원이나 대리급은 더욱 그랬다. 그래도 유럽에 가면 차가 필요할 것이라 예측하고 국제면허를 준비한 김 대리가 대단했다. 그리고 실제로 유럽에 와서 며칠 생활해보니 차가 꼭 필요한 것을 알게 되었고, 우리는 재정을 고려해서 가장 작은 폴크스바겐을 Rent하기로 결정했다.

숙소에서 가까운 Rent회사를 찾아가 계약하고, Rent한 차를 몰고 나오려는데 문제가 생겼다. 유일하게 국제면허를 소지한 김 대리가 시동을 걸고 액셀러레이터를 밟는데, 차가 앞으로 나가지 않고 차의 뒤쪽만 계속 올라가면서 소리만 요란한 것이었다. 그것을 가만히 지켜보고 있던 Rent회사 직원이 약간 의심의 눈초리로 Side 브레이크를 풀라고 하자, 그때서야 잔뜩 긴장한 김대리가 눈치를 채고 Side브레이크를 풀면서 액셀러레이터를 힘차게 밟았던 것이다.

운전할 줄 아는 분들은 상황을 쉽게 이해할 것이다. 차는 당연히 Rent회사의 바로 앞 왕복 8차선 대도로 총알같이 튀어 나갔고, 그나마 김대리가 순발력으로 급 브레이크를 밟은 덕분에 중앙분리대 바로 앞에서 급정거했다. 혼비백산(魂飛魄散). Rent사 직원은 물론이고 차 안에 있던 우린 비명을 지르고 난리가 났다. 다행히 하늘이 도왔는지 그 큰 도로에 마침 지나가는 차가 없었던 터라 사고를 당하지 않았고, 일단 차를 어렵게 돌려 Rent사 직원을 안심시키고 그 자리를 간신히 빠져나왔다.

도시의 길은 물론이고 운전에 익숙하지 않은 김대리는 거의 생각 없이 직진신호만 받고 달리다가, 우리가 머물고 있는 아파트로 돌아오는 데 약 3시간이 걸린 것으로 기억이 난다. 정상적으로 오면 20분 정도인데 말이다. 김 대리는 결국 주차장에서 주차를 못해 이 대리가 마무리를 했다. 그러니 김 대리가 운전하는 차는 아무도 타고 싶어 하지 않았고 본인도 운전할 생각이 없었다. 그렇다고 Rent한 차를 이용하지 않으면 매일 택시를 타고 출퇴근해야 하는 것은 물론이고, 의미 있는 주말여행을 포기해야 했기에, 무면허이지만 군대에서 운전을 해본 경험이 있는 이 대리가 할 수 없이 운전하게 된 것이다. 소설 같은 얘기지만 사실이다.

아무튼 그렇게 사선을 넘어 중간 도착지인 아름다운 레만 호에 도착했다. 과연 소문과 같이 레만 호는 크고 아름다웠다. 이미 날이 저물고 있었고 저녁 먹을 시간이 한참 지난 터라, 모처럼 좋은 호텔에 가서 호수 쪽의 방을 얻어 여행 분위기를 한번 내자고 의견합의를 이루어 호수 근처의 특급호텔로 차를 몰고 갔다. 그러나 호텔요금이 우리가 예상했던 것보다 너무 비쌌다. 할 수 없이 꼬리를 내리고 나와 싼 호텔을 찾아보기로 했다. 문제는 호수 근처의 호텔은 모두 특급이고 호텔요금 또한 특급호텔 경험이 없는 우리에게는 잔인하게 비싼 호텔요금에 레만 호를 보고 들떴던 여행기분은 이미 많이 식어버렸다.

사실 그 당시의 출장비는 매우 적었고, 그 작은 일당을 절약해서 여행을 온 상황이라 자금 사정이 좋지 않았다. 그래서 어떻게든 우린 싼 호텔을 찾기 위해 차를 계속 몰았고, 그러다 보니 시간은 이미 자정을 넘어버렸다. 차는 이미 오래전에 레만 호를 뒤로 하고 한참을 온 것 같았다. 배고픔과 피곤에 우린 잠시 차를 세웠디. 그런데 잠시 기지개를 켜려고 차에서 내렸는데 발에 느끼는 촉감이 무언가 다른 기분이었다. 그것은 바로 눈이었다.

호수를 지나 우린 이미 스위스의 산을 넘었던 것이다. 지금이야 차에 내비게이션이 다 달려 있지만 당시에는 없었고, 지도에만 의존해서 길을 찾아 다녔다. 찰흙같이 어두운 밤길이어서 위치 파악이 힘들었고, 느낌상 이미 호수 쪽으로 돌아가기에는 너무 멀리 와버렸다고 판단했다. 또 설령 돌아간다고 해도 호텔이 너무 비싼 터라 크게 내키지 않았다. 더불어 우리가 잘 느끼지 못할 정도의 약한 경사면의 도로를 따라 올라온 터라, 우린 이미 산중턱 정도에 도착했다고 판단했다. 가장 큰 문제는 차 연료가 얼마 없다는 것이었다.

일단 좀 더 가다 보면 산속에 주유소나 숙소가 있겠지 하고 약 한 시간을 더 올라갔는데 길은 계속 오르막이었고 믿기 어려울 정도로 아무것도 없었다. 꿈에 그리던 스위스 여행 기분과 비싼 호텔비용 걱정은 이미 오래전에 사라졌고, 다들 무사히 살아 돌아가기만을 바라는 분위기였다. 눈 덮인 겨울 산속에 고립되는 공포감 같은 생명의 위협을 정말 모두 느꼈다. 평소 각자의 종교에 무관심했던 사람들이 위기의 순간에는 무언가에 의지한다는 것을 그때 다들 절실히 느꼈다. 다들 각자 믿고 있는 그 무엇인가에 기도하면서 깜깜한 산길을 한 시간을 더 가서야 내리막길을 만났다.

연료 사용을 최대한 억제하며 내리막을 한참 내려오다가 드디어 새벽녘에 산속의 조그만 호텔을 만났다. 오아시스가 바로 이런 기분일 것이라 생각했다. 이미 몸은 파김치였고, 살았다는 안도감에 주차장에 차를 대충 세워놓고 Standard 방 두 개를 얻어 열쇠를 받자마자 방에 들어가 다들 옷을 입은 채로 깊은 잠에 빠졌다.

다음 날 아침, 시끄러운 음악소리에 잠이 깨어 창문의 커튼을 열었을 때의 기억이 생생하다. 달력 그림으로만 보아왔던 하얀 눈으로 덮인 스위스 산의 절경이 바로 호텔 앞에 웅장하게 펼쳐져 있었다. 고진감래(苦盡甘來). 전날 밤의 피곤이 싹 날아가는 순간이었다. 정신을 차리고 호텔 방 내부를 살펴보는데, 시골의 호텔치고는 내부가 너무 호화스럽다는 생각이 갑자기 들었다. 욕실은 물론이고 실내가 모두 고급 티크 장식으로 된 아주 럭셔리한 방이었다.

아무튼 다들 일정으로 맞추기 위해 방에서 잠시 절경을 감상하고 식당으로 이동해서 늦은 아침을 풍성하게 즐겼다. 허기와 피로를 푼 우리는 눈앞에 있는 목표로 출발하기로 하고 서둘러 Check Out하기 위해 호텔 프런트에 모였다. 호텔직원이 제시한 방값에 모두 기절하는 줄 알았다. 방값이 정말 비쌌던 레만 호의 특급호텔과 별 차이가 없는 것이었다. 방값을 좀 줄여보려고 죽을 고비를 넘긴 것이 너무 허무하여 다들 분통이 터졌지만 어쩌겠는가. 우리의 무지에서 나온 결과인 것을. 유럽에서는 예약이 필수인데 하지도 않았고, 아무 정보도 없이 산을 넘어 온 우리의 잘못이었다. 나중에 안 내용이지만 스위스의 거의 모든 호텔은 세계적인 관광지로 거의 특급 수준이었다.

하지만 우리 스스로 만든 사선을 넘고 간 융프라우 산의 정상은 정말 절경이었다. 산으로 올라가는 열차 안에서 마음은 좀 상했지만 말이다. 열차를 포함한 모든 기술이 일본 기술로 만들어졌다는 설명서가 기차 안에 붙어 있었다. 일본의 기술이 부러우면서도 마음 한쪽은 많이 씁쓰름했다. 뿐만 아니라 도시 곳곳에 일본어로 된 여행 Guide를 보고 당시 일본의 국가 경쟁력을 피부로 느꼈다. 당시만 해도 융프라우 산은 온 산이 만년설로 덮인 알프스였다. 선글라스 없이 설경을 보다가는 자칫 눈을 다칠 수 있다는 주재원들의 권유로 선글라스를 하나씩 준비해서 갔는데 정말이었다. 기차가 눈으로 덮인 지역에 도착하자 온 세상이 하얀 터라 맨눈으로는 볼 수 없었다. 중간 역에서 스키를 들고 내리는 스키 마니아들을 보며 당시 그들이 너무도 부러웠다.

영하 20도의 정상에서 손을 비비며 찍은 사진이 아직도 앨범에 있다. 산 아래는 어딜 가든 녹색의 잔디가 잘 가꾸어져 있고, 산 위에는 항상 만년설이 있는 너무도 아름다운 나라 스위스가 한없이 부러웠다. 하지만 그 모든 것이 근면한 스위스 국민이 흘린 땀의 결실이라는 얘길 듣고 내심 놀라지 않을 수 없었다. 지금도 아름다운 경관을 유지하기 하기 위해 월요일부터 금요일까지는 새벽부터 밤늦게까지 가장 열심히 일하는 국민이 바로 스위스라고 한다. 늘 호수 위에서 아름다운 자태를 보이는 백조와 같다는 생각을 했다.

아무튼 가장 작은 폴크스바겐으로 히틀러가 만들었다는 독일의 아우토반을 달리면서 페라리와 경주(?)한 경험과 더불어 우리는 많은 에피소드를 만들었다. 주말에는 여행으로 스트레스를 풀었고, 주중에는 당시 우리보다 기술적으로 한 수 위인 그들의 노하우를 악착같이 배웠으며, 그들도 열정적으로 배우고자 하는 우리에게 모든 것을 다 알려주었다.

연수 첫날 식당에서 느낀 우울한 기분도 잊을 수 없다. 연수기간에 우리가 이용할 식당을 소개 받으면서 첫 점심을 회사 직원식당에서 먹었다. 우리에겐 익숙지 않은 덜 익힌(Rare) 양고기 스테이크와 빵, 감자 등으로 준비된 뷔페 식으로 되어 있었다. 다들 아침식사가 부실했던 탓에 한국에서와 같이 각자의 식판에 음식을 가득 갖다 놓고 식사를 했다. 식사를 마치고 보니 연수생 대부분이 많은 잔반(殘飯)을 남기는 상황이 되었다. 다들 아무 생각 없이 잔반을 처리하기 위해 줄을 서서 기다리던 중, 우리는 자연스럽게 주변 현지직원들의 식판을 보게 되었다.

깜짝 놀랐다. 거의 설거지를 하지 않아도 될 정도로 모두들 음식을 100% 비운 정말로 잔반 Zero의 깨끗한 식판들을 들고 있었다. 오직 우리 연수생들 8명만이 잔반 가득한 식판을 들고 있었으니, 다들 말은 없었지만 얼굴이 모두 빨갛게 달아올라 빨리 식당을 탈출하고 싶은 심정들이었다. 물론 그 이후로 우린 음식을 남긴 적이 없다. 지금까지 잔반에 대한 나의 습관도 아마 그때부터 시작된 것이 아닌가 싶다. Slow Life를 즐기면서도 열심히 일하며 최대한 자원을 절약하는 습관이 생활화되어 있는 그들의 문화가 진정한 선진문화라고 느끼며, 당시 깊은 인상을 받은 기억이 난다.

사실 임원이 된 후에 기아문제라든가 환경문제와 연계해서 회사의 잔반 줄이기 운동을 팀 단위로 벌이기도 했지만, 절반의 성공으로 만족해야만 했다. 아직 음식문화는 다소 민감한 사안이기에 우리의 음식문화 수준으로는 쉽게 바꿀 수 없었다.

아무튼 연수를 마치고 복귀하여 연수 시 배운 기술을 현장에 적용하여 교환기 국산화에 많은 기여를 하였고, 지속적이고도 열정적으로 근무하여 대리를 거쳐 어느덧 과장으로 승진했다.

나는 대리 때부터 겨울에는 주로 가족과 함께 스키를 즐겼다. 스키를 처음 탔을 때가 생각난다. 후배를 따라 처음 가보는 야간 스키장에서 실력을 무시하고 너무 빨리 진도를 나간 탓에 밤새 굴러 온몸이 시퍼렇게 멍이 든 기억이 난다. 다음날 침대에서 일어날 수 없을 정도로 통증이 심했다. 온몸이 파랗다 못해 시커먼 멍을 보고 아내는 물론이고 스스로도 놀랐던 기억이 있다. 스포츠에 대한 나의 열정과 오기로 포기하지 않고 끝까지 아내를 설득해서 같이 배운 스키가, 지금은 겨울 가족 스포츠가 되었다.

　우리 아이들도 그때 배운 감가을 바탕으로 이제는 커서 모두 스노보드를 즐긴다. 나와 아내는 스키를 타지만, 온 가족이 겨울이면 회사를 통해 예약한 스키장으로 가서 스키도 즐기고, 밤에는 다 함께 소주 한 잔을 기울이며 정감 있는 대화의 시간을 갖곤 했다. 앞에서도 언급했지만 취미는 가능하면 가족과 같이하는 것을 강력히 권장한다. 취미생활이 가족간의 훌륭한 대화의 장이 되기 때문이다. 아무튼 겨울스키는 나의 업무 스트레스를 풀어주는 중요한 활력소가 되었다.

제6장

과 장

과장 승진

지금이야 과장 승진은 업무평가인 고과점수와 더불어 전산과 어학의 특별점수를 합해서 합계점수가 인사에 제시하는 Guide 점수 이상이면 모두 승진을 시켜주고 있지만, 그 당시에는 대리부터 승진 경쟁이 정말 치열한 시기였다. 따라서 업무평가인 고과가 발표되는 날에는 회사 분위기가 그야말로 폭풍전야였다.

고과 발표와 더불어 보너스가 나오는데, 상위 고과자의 보너스는 당연히 많았고, 하위 고과자의 보너스는 상대적으로 적었다. 당연한 결과였다. 하위 고과자의 줄어든 보너스가 상위 고과자의 보너스로 가게끔 구조적으로 되어 있었기 때문이다. 운명의 Zero Sum. 그 차이가 많게는 30~50%까지 난다. 그러니 하위 고과를 받은 사원들은 상사들이 보거나 말거나 노골적으로 사무실의 문을 차고 나가 무단으로 퇴근하는 경우도 있었다. 하지만 대부분의 사원들은 상위 고과자가 준비한 조촐한 축하회식에 모두 참석해서 서로 축하와 격려를 하곤 했다.

생각해보면 당시에는 현금으로 보너스를 받던 시기라, 상위 고과로 보너스를 두둑이 챙긴 사원들은 아내 몰래 다들 비자금을 챙기기에 바빴다. 사내결혼을 한 사원들은 당연히 불가능했고, 그렇지 않은 사원들도 결국은 내역서가 소문으로 돌고 돌아 대부분 1주일 내로 모두 들통이 나 곤욕을 치렀던, 봉급쟁이들에게는 애환의 시기였다. 지금도 고과가 발표 나는 날의 분위기는 비슷하다. 단지 그 전에 있었던 회식이 없어졌을 뿐이다.

평가자의 위치로 바뀌면서 가장 어려운 업무 중의 하나가 바로 평가가 아닌가 생각한다. 누구나 다 열심히 한다. 하지만 공평한 기준을 갖고 줄을 세워 우수한 사원에 대해서는 그만한 대가를 주는 것이 옳다고 생각한다. 상대적으로 그 누군가가 불이익을 당하겠지만 말이다. 하지만 평가는 가장 중요한 업무이므로 객관적이고 공평하게 평가해서 우수 인력에 대한 양성은 물론이고 상대적으로 부진한 인력에 대해서는 기회를 만회할 수 있도록 업무적인 배려가 필요하다. 드문 경우지만 리더의 편파적인 고과로 조직력이 약화되거나 최악의 경우 퇴사하는 우수한 인력들도 있었다.

나는 과장 전까지는 동료들에 비해 그리 뛰어난 업무 업적이나 리더십을 발휘하지는 못한 것 같다. 나 자신의 업무역량 강화와 맡은 업무 처리에 너무도 바쁘게 생활한 것 같다. 하지만 앞서 언급했듯이 업무 경험이 쌓이면서 후배들을 어떻게 이끌고 선배들과 어떤 조화로 업무를 극대화하고, 회사를 위한 진정한 효율적인 업무가 무엇인지를 하나씩 배워가며, 내 생각에는 과장 때부터는 조금씩 동료들에 비해 앞서 나가기 시작했던 것 같다. 군계일학은 좀 지나치지만 비슷하게 조금씩 나만의 Identity가 확보되어 갔다.

특히 같이 일하는 후배들과 동료에 대한 배려도 올바른 직장생활의 아주 중요한 덕목이라고 생각한다. 사실은 대부분 자기 살길 챙기느라 자기중심적으로, 즉 다소 이기적으로 변해가는 것이 현실이다. 하지만 배려 있는 직장생활은 꼭 보답을 받고자 하는 것은 아니지만, 언젠가는 좋은 결과로 보답을 받는다는 것이 내 생각이다. 사필귀정(事必歸正).

그렇게 과장업무를 하고 있던 1995년 봄 어느 날, 상사로부터 지역전문가에 관심이 있으면 지원하라는 통보를 받았다.

지역전문가 파견

나의 꿈이 무엇인가? 유럽 연수를 통해서 얻은 꿈인 바로 주재원이었다. 그것을 이루기 위한 과정이 바로 지역전문가라는 것은 미리 알고 있었다. 조금도 지체 없이 'Yes'라고 답변을 드렸고, 선후배들의 배려로 나는 지역전문가로 발탁되어 1995년 6월부터 1년간 중국에서 활동하였다.

그런데 왜 하필이면 중국일까 하는 의문이 있을지 모르겠지만, 나는 개인적으로 중국의 지도자인 덩샤오핑(鄧小平)에 대해 관심이 많았다. 나는 개인적으로 등소평을 작은 거인이라고 부른다. 그 많은 시련을 극복하고 중국의 최고 지도자로 우뚝 일어서 중국의 개방을 성공적으로 이룬 그의 정치철학이 나에게는 알 수 없는 동경심을 불러일으켰다. 그래서 그가 개방한 나라에 가서 무언가를 느끼고 싶은 마음으로 중국을 선택했다.

아무튼 지역전문가는 지금도 내가 근무했던 회사의 아주 중요한 인력 육성 프로그램으로 운영되고 있다. 나중에 알았지만 대부분 대기업은 비슷한 프로그램을 거의 운영하고 있었다. 아무튼 대부분 나라의 기업 주재원은 지역전문가 출신들이 나가 있다고 생각하면 된다. 회사에서는 가족을 위한 국내 월급은 물론이고 지역전문가 활동비와 더불어 교육비 외에 모든 비용을 지원한다. 나의 경우에는 중국에서 약 1년간 약 7만$을 사용했다. 물론 중국어는 업무를 할 정도로 배우고 왔음은 물론이고 중국의 문화를 비롯하여 그야말로 중국 전문가로 변신해서 복귀하였다.

지역전문가로 활동하면서 틈틈이 한 중국여행이 실전 중국어 실력도 키우고 중국을 이해하는 데 많은 도움이 되었다. 우리는 이것을 지역연구라고 칭했다. 여행만큼 좋은 교육이 없다는 것을 그때 배웠던 것 같다. 여행을 다니면서 처음 간 지역의 호텔에서 겁 없이 총지배인을 나오라고 해서 기업 홍보는 물론이고 할인계약까지 해서 지점에 보고할 때 많은 성취감을 느끼곤 했던 기억이 있다.

지역전문가를 하면서 얻은 정말 많은 에피소드가 있지만 몇 가지만 소개하고자 한다. 먼저 중국어를 어떻게 배웠는지를 간략히 이야기하면 다음과 같다.

지금은 출발하기 전에 미리 어학을 어느 정도 준비해서 보내지만, 그 당시에는 강사도 없었고, 거의 그야말로 맨땅에 헤딩하는 수준으로 파견되었다. 초기에는 대학에서 거의 식사를 해결했기에 문제가 없었지만, 주말이나 외출할 경우에는 스스로 해결해야 했기에 초기에는 메뉴에 그림이 나와 있는 식당 정도만 이용할 수밖에 없었다. 그러면서 하나씩 요리를 주문하는 방법을 배워나갔고, 나중에 기숙사에서 나와 개인 숙소에 있으면서 확실하게 식당에서 주문하는 것을 생존차원에서 배웠던 기억이 난다.

그리고 낮에는 대학에서 수업을 듣고 저녁에는 교수와 대학원생에게 개인수업을 철저히 받고, 저녁을 먹고 나서는 집 근처의 조그만 선술집에 가시 맥주 한 병을 시켜놓고 종업원 혹은 현지 손님들과 1시간 정도 그날 배운 단어를 더듬더듬 대화하면서 복습하고, 집에 돌아와서는 매일 배운 단어 정리로 마무리하고 취침했다.

이러한 반복적인 생활을 3개월 정도 했을 때, 베이징(北京)에서 연수 중인 소위 학구파(이들 중에는 중문과를 졸업한 친구들이 많았다.)들과 상하이(上海)에서 회의를 통해 만날 기회가 있었다. 상대적으로 내가 공부한 상하이에 있는 멤버들은 대부분 중국어를 처음 배우는 상황이었다. 하지만 실용 중국어로 무장한 상하이 멤버들이 베이징에서 이론 중심으로 공부하고 있는 학구파 동료들보다 배우는 속도가 훨씬 빨랐고, 베이징에서 온 동료들도 우리의 일취월장(日就月將)한 실력에 놀라고 돌아간 기억이 난다. 물론 짬짬이 한 지역탐구 여행이 전투 중국어를 배우는 데 가장 도움이 많이 되었다. 이렇게 배운 실전 중국어는 나중에 현지에서 근무할 때 많은 도움이 되었다.

주말에는 각 지역 동료들끼리 가끔 모여서 정보도 교환하고, 지역연구 여행 시 일정이 맞으면 같이 가기도 했다. 같이 모여서 식사하고 술 한잔할 경우는, 주재원들의 자주 이용하는 아지트로 가서 주재원들이 남겨놓은 술을 다 털어 마시곤 했다. 주재원들은 그것을 피해 계속 장소를 옮기지만, 생존으로 버티는 지역전문가들을 피할 수는 없었다. 어떻게든 찾아내서 깔끔히 비우곤 했던 기억이 난다. 그래서 주재원들이 지역전문가를 농담으로 '바퀴벌레'라고 불렀던 기억도 난다. 하지만 회사에서 지역행사를 할 때에는 지역전문가들의 강력한 지원이 지점에 많은 도움을 주기도 했다. 주재원들이 잘 모르는 토속식당은 물론이고 인맥을 통해 얻는 비공식 정보도 지역전문가들은 알고 있는 경우가 많았다. 그래서 정기적으로 지점에 동향보고를 하게 되어 있다.

나는 학교숙소에서의 생활에 답답함을 느끼고 법인의 동의를 얻어 개인아파트로 숙소를 옮기면서 생각지도 않은 어려운 경험을 했다.

그 당시에는 학생비자를 갖고 있는 경우는 학교에서 준비해준 기숙사에만 있어야 했다. 나중에 알았지만 중국의 법이 그렇게 명시되어 있다고 한다. 아파트로 이사한 후에야 그 사실을 알고, 학교의 담당자와 공안(중국경찰)으로부터 엄청난 시련을 겪었다.

그 당시 지점에 이러한 법적인 문제를 풀어주기 위해 덕망이 높은 현지 지역의 유지나 학자들을 고문으로 채용하고 있었다. 그래서 한번은 이 문제를 풀기 위해 지점장이 배려해준 지역유지 학자분과 공안국(경찰서)을 방문한 적이 있었다. 하지만 예상과는 다르게 공안 앞에서 그야말로 말 한마디도 못하는 것을 보고, 중국 공안의 막강한 힘을 느꼈다.

결국은 개인학습을 해주는 지도교수의 도움으로 문제가 잘 풀렸지만 말이다. 내가 매일 수업을 받았던 개인교수와 나를 담당했던 공안이 초등학교 동창이었다. 그 문제가 풀린 후에는 그 공안과 친해져 정기적으로 술도 가끔 하곤 했다. 아무튼 마지막에 공안이 나에게 준 허가서를 받고 나는 황당함에 잠시 넋을 잃었다. 나보고 메모지 있냐고 하더니 조그만 메모지에 자기 이름하고 전화번호를 적어주면서 누가 문제를 삼으면 그 메모지를 보여주라는 것이다.

즉, 메모지가 바로 허가서였던 것이다. 한 달 내내 숙소를 기숙사로 다시 옮기라는 협박으로부터 벗어나는 것이니 너무도 좋았지만, 조그만 메모지의 허가서는 거의 졸도 수준이었다. 아무튼 그 평범한 메모지 한 장으로 나는 여섯 달치의 아파트 계약금을 날리지 않았으니 다행이었고, 공안에서 문제가 풀리니 학교에서도 내가 공안에 큰 배경이 있는 줄 알고, 사고를 친 적은 없지만 그 후론 잘 챙겨주는 분위기였다. 지금은 모르겠지만 나와 같이 숙소 이동과 관련해서 고생을 한 지역전문가들이 많았고, 공안에 엄청나게 시련을 겪은 멤버들도 많이 있는 것으로 안다. 참고로 중국은 지금도 거주이동의 자유가 없다. 사전에 정부의 허가를 받아야만 거주지 이동이 가능하다. 그렇지 않으면 옮긴 도시에서 의료, 교육의 혜택을 받을 수 없다. 즉, 불법체류가 되는 것이다.

아무튼 그 경험을 통해서 중국은 흔히 말하는 '관시(關係)'의 나라라는 것을 새삼 느낀 소중한 경험이었다. 물론 항상 행동하기 전에 먼저 그 지역의 일반적인 법을 이해하고 움직이는 Process도 배운 소중한 경험이었다. 특히 중국에서는 말이다.

지역전문가를 하면서 가장 기억에 남는 여행이 생각난다. 그곳은 윈난 성(雲南省)의 따리(大理)다. 중국어를 3개월 정도 배웠을 즈음에 상하이에서 같이 생활하는 동료들과 지역연구를 떠난 곳이 바로 중국에서 가장 아름다운 호수가 있다는 도시 따리였다.

지금은 따리까지 가는 항로가 열려서 중국 국내 항공편을 이용해서 쉽게 갈 수 있지만, 당시는 오로지 버스가 유일한 교통수단이었다. 우린 먼저 상하이에서 윈난 성의 성도(省都)인 쿤밍(昆明)까지 항공편을 이용해 이동했다. 문제는 쿤밍부터 따리까지 버스로 8시간이 걸린다는 것이다. 우리는 20인승 버스를 타고 출발했다. 가는 중간에 산을 몇 개 넘었는지 모르겠다. 당시의 도로는 거의 비포장 2차선 이었다. 길이 거의 낭떠러지 산길인지라 우린 차 안에서 전혀 다른 생각을 할 수 없었다. 거기에다 버스 의자가 너무도 딱딱해서 약 1시간 정도 지나면서 엉덩이에 신호가 오기 시작한 터라 정말 죽을 맛이었다.

차에 연료도 다시 넣고 휴식을 취하기 위해 약 4시간 만에 산의 정상부근 휴게소에서 휴식을 취했다. 한국의 휴게소를 생각한 우린 할

말을 잃었다. 화장실은 우리의 옛날 시골 화장실이었고, 식당은 나무를 때서 물을 끓여 라면을 팔고 있는데 스스로 중국통이라고 자부하고 있었던 우리조차 도저히 먹을 수 없었다. 위생상태가 너무 거시기한지라. 더 배워야겠다는 생각도 들었지만 당시는 딱딱한 의자와 공포의 절벽과 배고픔까지 정말 힘든 여정이었다.

거의 저녁시간이 다 된 오후 5시가 넘어서 우리 일행은 간신히 따리에 도착했다. 일반적으로 숙소를 먼저 잡지만 너무 배가 고파서 일단 식당으로 향했다. 중국에서 가장 깨끗한 호수가 있는 탓에 해산물 요리가 많았다. 우린 배가 고팠던 탓에 값은 생각하지 않고 푸짐하게 시켜서 포식했다. 지불한 밥값은 예상보다 훨씬 저렴했다. 예상보다 적게 음식값이 나온 것은 중국에서는 처음이었다. 그때야 비로소 우린 오길 잘했다는 생각을 다시 했다. 사람이라는 것이 참으로 변덕이 심하고 단순한 동물임에는 틀림이 없었다. 이미 날은 어둠이 내려 호수 구경은 다음날 아침으로 미루고 호텔로 향했다.

다음 날 아침, 우린 호텔에서 아침을 푸짐하게 먹고 호수로 발걸음을 옮겼다. 중국에서 이미 몇 번 호수를 본 경험이 있어서 다들 크게 기대하지 않았다. 호수는 정말 크고 넓었고 특히 물이 너무 깨끗하고 맑았다. 지금까지도 그렇게 아름다운 호수를 본 적이 없을 정도다. 유람선을 타고 건너 마을로 가는 중간에 들은 얘기인데, 해마다 이 호수에서 자살하는 사람이 많다고 했다. 마음이 심란한 여행객들이 너무도 맑은 호수에 몸을 던진다고 한다.

마을을 건너자 소수민족의 마을이 있었는데 온통 대리석으로 만든 조형물로 가득했다. 우린 그때서야 왜 마을 이름이 따리인지 알았다. 중국의 대리석 원조가 바로 이곳 따리라고 한다. 우린 따리로 오면서 겪었던 모든 고생을 호수를 보면서 모두 잊었다. 다시 한 번 꼭 가보고 싶은 도시다. 그리고 돌아오는 버스는 잘 알아보니 야간 침대버스가 있다고 해서 그 방법으로 살 때보다는 훨씬 편하게 돌아왔다. 물론 차 안의 냄새는 거의 후각을 잃을 정도였지만 말이다.

중국이 정말 큰 나라라는 것을 확실하게 느낀 여행도 해보았다. 동계 아시안게임이 헤이룽장(黑龍江) 성의 성도(省都)인 하얼빈(哈爾賓)에서 열린다는 정보를 얻고 몇몇 동료들과 지역연구 계획을 세웠다. 일단은 중국의 최남단인 하이난다오(海南島)에 가서 지역연구를 하면서 겨울수영도 해보고, 바로 가장 북단인 하얼빈으로 가서 한국 빙상팀을 응원하는 장거리 지역연구 일정이었다.

겨울이었는데 중국의 하와이로 불리는 하이난다오는 30도를 웃도는 여름 날씨였다. 우린 지역연구를 하면서 겨울 속에서 여름 분위기를 최대한 만끽했다. 하이난다오에서 태평양을 바라보고 있는 싼야(三亞)라는 휴양도시는 최근 한국에서도 직항이 뜨는 관광지로 개발되었다. 최근 몇 년간 미스 유니버시아드 대회가 열린 곳이기도 하다. 나중에 그때의 경험을 토대로 중국 주재생활을 하면서 그곳에 가서 가족 모두 만족스러운 여름휴가를 보냈다. 특히 여름에 중국사람들은 더운 곳으로 여행을 가지 않는 경향이 있어, 여름에 하이난다오로 갈 경우에는 항공편부터 호텔까지 비수기의 아주 싼 비용으로 갈 수 있다. 골프를 좋아하는 분들은 아주 싼 비용으로 골프와 함께 바다 스포츠를 하와이와 비슷하게 즐길 수 있는 곳이 바로 하이난다오다.

하이난다오를 뒤로 하고 우린 진정한 동토의 땅인 하얼빈으로 출발했다. 하얼빈으로 가는 비행기에서 겨울 옷으로 대충 갈아입었으나, 막상 하얼빈 공항에서 느낀 기온은 상상을 초월했다. 우린 바로 공항에서 얼굴을 감싸는 털모자를 하나씩 사서 쓰고 호텔로 이동했다. 외부에 비해 호텔 내부는 오히려 상하이보다 따뜻했다.

그 이유는 당시 양쯔 강 아래 지역은 법으로 건물 내에 난방기 설치가 금지되어 있었다. 그런 이유로 상하이의 겨울온도는 그렇게 낮지 않지만 당시 나에게는 정말 살인적인 추위였다. 집안에 난방시설이 없는 아파트는 겨울에 냉동창고 역할을 한다는 것을 그때 알았다. 결국은 한국에서 전기장판을 부쳐와 두꺼운 솜이불로 힘겹게 겨울을 났다. 당시 중국제 전기장판을 사서 사용하다가 품질문제로 불이 나 전기장판은 국산을 사용했다. 경험하지 않고는 이해하기 어렵다. 지금은 소득이 많이 늘어나 최근에 건설하는 아파트는 모두 난방 시설을 갖추는 것으로 알고 있다. 국력이 결국 국민의 추위를 해결해준 것이다. 아무튼 같은 나라에서 한 곳은 영상 30도의 해변에서 수영을 즐기고, 한 곳은 영하 20도를 웃도는 나라가 바로 중국이다.

하얼빈에 도착해서 느낀 것은 좀 이국적이라는 것이었다. 기골이 장대하다는 것이 무엇인지를 느꼈다. 사람들 대부분 키가 크고 옷을 많이 입은 탓도 있지만 덩치들이 중국의 다른 도시와는 완전히 달랐다.

어느 날 한국이 강한 쇼트트랙을 응원하기 위해 경기장에 갔다. 조금 늦게 경기장에 도착하여 허겁지겁 입장해서 거의 악을 써 가며 대한민국을 응원하고 있는데, 분위기가 이상해서 주변을 보니 거긴 바로 중국 응원석이었다. 모두 우리를 매우 위협적인 시선으로 바라보고 있었다. 순간 살벌한 느낌을 받은 우린 바로 조용하고도 빠르게 한국 응원석으로 자리를 옮긴 기억이 난다.

중국사람들은 대부분 선하다. 그런데 누구 하나가 나서서 행동하면, 앞뒤 안 가리고 바로 따라 하는 부화뇌동의 행동이 강한 나라다. 자칫 누구 하나가 마시던 캔을 던지며 야유를 시작하면, 바로 거기서 간다. 끔찍한 순간이었다. 어느 나라에서도 마찬가지지만 중국에서는 특히 스포츠를 응원할 때는 항시 응원석을 확인해야 한다. 일단 사람이 상대적으로 어디를 가나 많다. 상하이 축구경기에서 발생한 아주 험한 상황을 이미 들었던지라, 우린 바로 자리를 옮겨 위기를 모면했다.

열심히 응원했지만 중국의 텃세 때문인지 한국선수들은 좋은 성적을 거두지 못한 것으로 기억한다. 텃세를 극복하고 우승하는 것이 진정한 실력이라고 생각한다. Home Advantage야 우리도 2002년 월드컵과 88 올림픽에서 확실하게 누렸다고 생각한다. 하얼빈에도 스키장이 있었는데 가보지는 않았다. 사전에 알아보니, 시설이 한국의 스키장과는 비교가 안 되는 정도라고 했다. 그래서 아마도 중국의 스키 마니아들은 한국으로 스키를 타러 오지 않았나 싶다. 물론 해외라는 이유도 있지만, 사실 중국에서는 시설을 좀 갖추면 사람들이 상상을 초월할 정도로 많이 온다.

중국에서 상상을 초월할 정도의 많은 사람 때문에 놀란 경험을 많이 했다. 상하이에 머물고 있을 때, 한번은 중국의 최대 국경절인 10월 1일에 성대한 불꽃놀이를 한다는 정보를 듣고, 혼자서 상하이의 가장 아름다운 야경인 황포(黃浦) 강변에 위치한 와이탄(外灘)의 야경을 보기 위해 간 적이 있었다.

당일 차량통제로 인해 상하이에서 가장 큰 도로인 난징(南京)로를 걸어서 통과해야만 했다. 결론적으로 간신히 살아서(?) 숙소로 돌아갔다. 그것을 경험하지 않은 사람들은 이해하기가 쉽지 않다. 그 넓은 왕복 12차선의 도로를 순식간에 장악한 군중 속에 끼어, 거의 종종걸음으로 와이탄까지 갔다가, 너무 놀라 돌아올 엄두가 나지 않아 사람들이 다 돌아간 후에야 마지막 지하철을 타고 돌아왔다. 만약에 그 무리 안에서 순간적으로 살짝 넘어지기라도 하면 바로 사망이다. 말로만 들었던 6.25사변의 인해전술 공포를 현장에서 생생하게 경험한 날이었다.

그날 이후, 나는 중국에서는 어떤 일이 있어도 국경절에는 절대로 외부로 이동하지 않았다. 중국에서 나와 같은 경험을 해본 사람들은 절대로 국경절에는 움직이지 않는다. 최근에는 버스, 열차, 비행기가 인터넷으로 예약되는지 모르겠지만, 국경절에 여행을 갈 경우, 사람 다음으로 느끼는 공포가 바로 교통편 티켓을 구입하는 것이다. 더불어 더 큰 문제는 왕복표를 판매하지 않는다는 것이다. 그러니 돌아올 수 있다는 보장이 없는 것이다. 근거리는 열차나 버스를 이용해서 힘들게라도 다니곤 했지만 장거리 여행은 이런 이유로 그냥 포기한 적이 많았다.

중국에서 열차를 타고 여행한 경험도 거의 상상을 초월하지만 생략하겠다. 한 가지만 소개하면 열차는 딱딱한 침대라는 의미로 잉워(硬臥)와 푹신한 침대를 의미하는 루안워(軟臥)가 있다. 반 값인 잉워를 타고 장거리 여행하면 밤에는 가방을 자물쇠로 침대에 채우고 잠을 자야 한다. 이유는 상상에 맡긴다. 루안워를 타고 하는 장거리 여행은 그래도 할만하다. 최근에는 소득이 증가해서 비행기를 이용하는 국내 여행객이 많아졌고, 열차여행도 많이 개선되었다고 들었다.

아무튼 최근 백두산에 대규모 동절기 위락시설을 개발하고 있다고 하니, 개발 후의 모습이 기대된다. 밖에서는 눈이 보이지 않을 정도로 인산인해(人山人海)를 이룬 슬로프를 상상해본다. 한국의 만원(滿員) 스키장을 생각하면 오산이다. 차원이 다르다.

베이징(北京)에서도 약 두 달간 머물면서 지역연구를 한 적이 있었다. 지금이야 베이징올림픽을 계기로 현대식 도시로 변했지만 당시에는 정말 여기가 중국의 수도가 맞나 의심될 정도로, 그야말로 좀 심하게 표현하면 청나라 시대와 유사한 그저 정치중심지인 고도(古都)였다. 그래서인지 베이징 사람들은 상대적으로 현대식으로 개발이 많이 된 상하이 사람들을 미워한다. 물론 상하이 사람들도 베이징사람들을 촌사람으로 치부하고 싫어한다.

  지금도 중국에는 한국과 비슷하게 라이벌 도시들이 있다. 오월동주의 쑤저우(蘇州)와 항저우(杭州) 역시 그렇다. 아무튼 내가 베이징에 있던 시기는 황사가 심한 때여서 외출할 때에는 꼭 마스크를 착용했던 기억이 난다. 또한 엄청난 인력들이 중국어를 배우기 위해서 또는 중국에서 사업을 하기 위해 중국으로 몰려들던 시기라, 한국에서 온 기업인과 학생들로 베이징은 그야말로 한류가 이미 시작된 때였다.

  베이징은 당시 그야말로 개발이 안 된 고도였지만 정말 대단한 도시였다. 명과 청을 거쳐 현재 중국의 수도인지라 중국 역사 바로 그 자체였다. 베이징에서 맨 처음 간 곳이 바로 만리장성이다. 당시 나는 만리장성의 규모에 상당히 충격을 받았다. 그리고 달에서 보이는 유일한 건축물이라는 것을 믿게 되었다. 지금도 중국사람들이 가장 가고 싶어 하는 도시가 바로 베이징이라고 한다. 나 역시 처음으로 중국에 가는 지인들에게는 베이징을 먼저 가보라고 추천한다. 문화유산도 많지만 진정한 중국을 느낄 수 있는 도시이기 때문이다.

  베이징에 머무르던 시기에 동료들과 내몽고를 여행한 적이 있다. 내몽고는 지금도 황사의 발원지 중 하나이다. 내몽고의 성도(省都)로 비행기로 이동해서 그곳에 베이스캠프를 차리고 내몽고의 토속마을 지역 연구계획을 세웠다. 그때도 이미 만주족들은 내몽고에서 찾기 힘들 정도로 개체수가 많이 줄어든 상황이었고, 과거의 유목민 생활을 접하기가 어려웠던 시기였다. 이미 한족들이 경제권을 장악했지만, 소수의 유목민들이 외지인들을 대상으로 돈을 벌기 위해 민속촌을 만들어 운영하고 있었다.

  우린 어렵게 민속촌 출신의 택시기사와 하루 임대를 계약하고 민속촌으로 출발했다. 말로만 들었던 삭막한 고비사막 계곡을 따라 한나절이나 지나서야 민속촌에 도착할 수 있었다. 나무와 풀이 전혀 없는 사막이니 바람이 불면 모래바람이 베이징을 지나 한국으로 오는 것은 당연하다는 생각이 들었다.

택시가 도착하자 말을 탄 유목민 후예들이 우리를 자기 집으로 데려가기 위해 몰려들었다. 그중에서 한 유목민을 따라, 그 가족들이 살고 있는 유목민 전통가옥에 도착했다. 그들의 안내에 따라 전통가옥(게르 또는 파오) 안으로 들어가서, 그들이 제시하는 프로그램을 보고 적당한 가격으로 흥정해서 선택했다. 민속촌이고 오다가 지쳐버린 몸과 마음을 순수한 유목민들이 만든 음식과 그들의 민속춤을 보면서 피로를 풀기로 했다.

음식은 양고기와 양의 부산물로 만든 차와 과자로, 먹기에는 불편함이 없었다. 식사 후에 전통공연이 이어졌다. 조금은 아니 많이 서툰 공연이었다. 관광객을 위한 어설픈 공연. 그런데 중간에 자꾸 실하고 무언가를 목에다 걸어주고 그랬다. 그것을 목에 걸어야 행운이 있다는 말에 다들 부담 없이 걸고 당시 분위기를 즐겼다. 식사와 공연을 보고 나서 우린 몽고초원을 말을 타고 달려보기로 했다. 이번에 해보지 않으면 평생 후회될 것 같았다. 그래서 우린 말 타는 법을 아주 간략히 배우고, 말을 몰고 몽고의 넓은 초원을 달렸다.

말을 타보신 분들은 잘 알 것이다. 말을 처음 타보는 나는 게르를 출발하자마자 얼마 가지 않아 예상하지 못한 엉덩이 통증으로 정말 죽을 맛이었다. 꿈에 그리던 장면인데, 마음과 같이 잘되지 않았다. 문제는 출발지로 돌아가려고 해도 이미 상당히 먼 거리까지 와버린 탓에 그야말로 걱정이 태산이었다. 말에서 내려 걸어서 돌아오고 싶었으나 말에서 내리는 방법도 모르고, 말을 타고 고삐를 당기면 서고 무릎으로 차면 달리는 정도만 배웠지, 줄을 잡고 말을 데려오는 것 역시 영

자신이 없었다. 그래서 결국은 아픈 엉덩이를 최대한 요령을 펴서 간신히 돌아 왔다. 나만 그런 것이 아니었다. 다들 아픈 엉덩이로 인해 헌 시간을 타기로 했던 낭만의 초원승마를 포기하고 일찌감치 게르로 돌아왔다. 짧은 기간의 승마였지만 엉덩이가 완전히 헐어버린 승마에 대한 뼈아픈 경험이었다.

대만족은 아니지만 유목민의 생활을 접해보았다는 좋은 인상을 갖고 돌아가기로 하고, 주인장에게 계산서를 달라고 했다. 우린 계산서를 보고 입을 다물 수 없었다. 당초 계약한 값에 10배를 청구한 것이다. 계산서의 내용을 물어보니 공연 중간에 목에 걸어준 하얀 실하고 껌, 사탕 등등이 기가 막히게도 주 요리보다 훨씬 비싸게 청구되어 있었다. 여행객에게 바가지를 씌우는 이들이 너무 괘씸해서 일단 텐트에서 나와 강하게 반박하려고 하는데, 텐트 밖에 이미 기골이 장대한 그 말로만 듣던 몽골전사들이 무기(?)들을 들고 있었다. 기겁하고 다시 텐트 안으로 들어가서 주인을 정중히 불렀다. 그리고 동행한 그 지방 출신인 택시기사를 불러 협상한 끝에, 결국 당초에 계약한 3배 정도의 돈을 물고 간신히 몽고 민속촌을 탈출했다.

짜증이 몰려왔지만 살아서 돌아온 것에 만족하고 그들을 이해할 수밖에 없었다. 사실 이것 역시 우리의 잘못이다. 중국에서는 늘 바가지에 신경을 바짝 쓰는데도 많이 당한다. 이유는 집중력 부족이다. 특히 껌이나 사탕 같이 사소한 것을 경시했다가 대부분 거기서 당했다.

하지만 나는 중국에서 너무도 많은 것을 느끼고 배웠다. 중국이 단순하게 인건비를 바탕으로 경쟁력을 확보하는 것이 아니라 언젠가는 세계를 제패할 나라라는 것을 나는 이미 지역전문가로 활동하면서 예측했다. 이유는 간단하다. 예를 들면 진시황의 진묘가 발견되어 발굴하려고 했지만 당시 중국은 기술이 부족해서 할 수 없었다. 역사기록에 의하면 진시황의 묘는 도굴을 대비해 여러 가지 방지책을 준비해서 만든 능이라고 한다. 당시 일본이 유일하게 기술을 확보하고 있어서 중국은 일본에 정식으로 발굴 지원요청을 했다고 한다. 일본은 기술지원을 해주는 대신에 진시황 묘에 대한 운영권을 요구했다고 한다. 그러자 중국은 이렇게 답했다고 한다. 우리가 스스로 기술을 확보해서 발굴하겠다고 말이다. 왜냐하면 그것 말고도 중국에는 역사유물이 넘쳐났고, 지금이 어려우면 후세들이 하면 된다고 생각한 것이다. 우리나라가 그 상황이었으면 어떻게 했을까?

정치 역시 나는 중국은 철학적이라고 생각한다. 비록 공산당이지만 말이다. 그들은 차기 대권주자를 정말 오랜 기간에 걸쳐 양성한다. 그리고 어느 시점부터는 공개적으로 국민에게 알린다. 후진타오 주석 역시 오랫동안 지방에서 당에 의해 육성된 대권주자라는 것은 이미 다 아는 사실이다.

그리고 이들은 정권을 잡았을 때 비록 선대 주석이 일부 정책을 잘못 수행했더라도 항시 공개적으로는 존경하는 선대 주석으로 예의를 표하고 그야말로 최고의 예를 갖춘다. 그뿐만이 아니다. 선대 주석이 추진했던 경제, 정치 및 모든 계획은 큰 이변이 없는 한 지속적으로 추진된다는 것이다. 우리에겐 꿈 같은 일이다. 경제계획 역시 그들은 우리와 같이 정권이 바뀌는 주기로 하지 않는다. 짧게는 10년에서 30년 계획을 세운다.

중국을 한동안 인구만 많은 비대한 공룡으로 치부했던 시절이 있었다. 싼 인건비를 무기로 전 세계의 제조업을 모두 삼켰고, 이제는 기술로 승부를 걸고 있다. 지피지기백전불패(知彼知己百戰不敗)의 전략으로 중국을 정확히 이해하는 것이 결국 승자로 가는 진리라고 생각한다.

아무튼 지역전문가로 활동하면서 경험한 많은 중국 여행은 나의 소중한 스토리로 나중에 주재원으로 근무할 때 많은 도움이 되었다. 그렇게 나는 소중한 많은 경험과 중국어 회화능력을 무장하고 무사히 본사로 돌아왔다.

지역전문가로 활동하면서 역시 가장 미안했던 것은 아내다. 나 없이 1년 동안 힘들게 개구쟁이 아이들을 잘 키웠기 때문이다. 아무튼 원래의 부서로 복귀해서도 나는 초심을 잃지 않고 열심히 업무에 임하면서, 언젠가는 주재원으로 나간다는 꿈을 키우며 즐겁게 회사생활을 했다. 꿈을 이어가게 만들어준 지역전문가 활동은 나에게 엄청난 활력소가 되었다.

지역전문가를 마치고 복귀한 그 다음해에 우리 모두가 결코 잊을 수 없는 경제위기가 우리나라를 덮쳤다. 바로 IMF시대가 온 것이다. 내 기억에는 이때에 처음으로 회사에서 희망퇴직을 실시했던 것으로 기억한다. 말이 희망퇴직이지 각 부문의 할당비율의 인력은 퇴사를 해야만 했다.

시장 경기라는 것은 늘 주기가 있다고 생각한다. 물론 회사를 그만두지 않으면 안 되는 상황이라면 할 수 없겠지만, 너무 섣불리 상황을 판단해서 스스로 회사를 그만두는 것은 위험한 일이다. 동료 중에 몇 명도 그때 섣부른 판단으로 스스로 회사를 떠났는데, 대부분이 힘들게 살고 있다.

당시 기억하는 것이 범국민적으로 금 모으기 운동을 한 것과 그리고 당시 완전히 바닥을 친 회사주식을 예지의 능력으로 투자해서 한 몫 단단히 챙긴 동료들도 생각난다. 난세에 영웅이 따로 없었다. 그 동료들은 결국 회사를 떠났다. 왜 좀 챙기면 다들 회사를 떠날까? 회사보다 나은 천국을 찾아가기 때문일 것이다. 그런데 그런 천국은 하늘 아래에 없다고 생각한다. 회사생활을 하면서 주식으로 돈을 벌어서 회사를 그만둔 사람들이 성공했다는 말은 한번도 들은 적이 없다. 대부분 아파트 평수를 늘려 이사하고 차와 가구 등을 최고급으로 바꾸었다. 그리고 남은 돈으로 한번 재미를 본 비생산적인 주식투기에 몰입했던 것이다. 시간이 문제였지 실패는 당연한 결과가 아닌가 생각한다.

아무튼 IMF위기는 국민적 대응으로 잘 극복되었고, 우리 회사 역시 큰 교훈을 얻고 정상적으로 회복되었다. 물론 갑작스러운 대규모 직원들의 퇴직으로 경기회복시 인력부족으로 인한 어려움이 많았다. 일부 인력은 본인의 희망에 따라 적지만 복직이 이루어지기도 했다.

나 역시 그 시기에 초심을 잃지 않고 열정적으로 과장업무를 성실히 수행한 결과, 나는 동료들보다 2년 먼저 수석으로 승진하는 영광을 누렸고, 수석 1년 차에 드디어 꿈에 그리던 주재원으로 선발되어 글로벌 인재양성교육에 참여하게 되었다.

쑥스러운 자화자찬이지만, 동료들보다 수석으로 빠르게 승진한 이유를 굳이 들자면, 적극적으로 끊임없이 미래를 준비하고 현장혁신에 앞장섰기 때문이라 생각하고, 결정적으로 그것을 상사가 인정해준 것이라 생각한다.

제7장

수 석

수석

　수석은 기술직 업무를 하는 사원들의 직급으로, 일반 사무직의 부장과 비슷한 직급이다. 기술직과 일반직을 구분해서, 기술직을 중점적으로 육성하기 위해 처우를 일반직과는 다르게 관리하는 일반직의 부장급에 해당하는 직급이다. 기술직의 봉급이 상대적으로 일반직보다는 조금 많은 것으로 알고 있다. 하지만 상대적으로 임원으로 승진하는 비율은 기술직이 낮다. 즉, 임원으로 승진하는 것은 어렵지만, 충분한 봉급으로 기술직을 육성하겠다는 회사의 의지인 것이다.
　개인적으로는 나쁘지 않은 인사체계라 생각한다. 수석들도 부장들과 같이 각자가 업무제안서를 만들어 발표한 후에 업무고과와 발표점수를 합계해서 승진이 결정되곤 했다. 이렇게 승진에 대한 규칙과 승진율은 해마다 변화가 있고, 흔히 운이 없는 사원들은 늘 불리한 변화만 따라다니는 경우도 있다.
　어찌하겠는가, 본인의 운인 것을. 아무튼 주재원으로 선발된 나는 약 10개월간의 주재원으로서 갖추어야 할 모든 예절과 지식을 습득한 후에 드디어 2001년 4월 중국 주재원으로 발령이 났다.

지역전문가부터 주재원 발령까지의 과정을 보면, 겉으로 나타내지는 않았지만 마음속으로 갖고 있던 강렬한 열망과 더불어 스스로 발탁되기 위한 본인의 업무는 물론 어학에 관심을 갖고 열심히 노력한 덕분이라고 생각한다.

주재원 파견

주재원으로 나가보겠냐는 질문에 이번에도 지체 없이 나는 'Yes'라고 답변했다. 지역전문가를 다녀와서 5년을 기다린 꿈이 드디어 이루어진 것이다. 2000년 1월부터 11월까지 약 10개월간 주재원 양성교육에 참여했다. 그 교육은 대부분 지역전문가 출신의 주재원 대상자를 위한 교육이었다. 혁신교육 및 주재할 나라별로 깊이 있는 교육이 진행되었다. 지금도 기간을 줄여서 운영되고 있는 것으로 알고 있다.

생각해보면 나는 동료들에 비해 지나치게 많은 혜택을 받지 않았나 싶다. 'How?' 나의 대답은 조금 건방지지만 꿈에 대한 열정이라고 답하고 싶다. 항시 최선을 다하면서 꿈을 잃지 않고, 조금씩 그것을 실현하기 위해 준비한 결과라고 생각한다.

아무튼 그렇게 해서 꿈에 그리던 주재원으로 부임했다. 그런데 아내의 반응은 영 시큰둥하였다. 이유는 중국이 당시만 해도 상당히 후진국이었기에 아내는 아이들과 같이 가기가 두려웠던 것이다. 그래서 아내와 가족을 데려가기 전에 근무지가 있는 도시의 특급호텔에 예약해서 2박 3일간 아내에게 미리 자세히 보여주고 돌려 보냈더니, 아이들과 바로 들어오겠다는 연락이 왔다.

사실 지금도 마찬가지지만 아내들은 자녀들의 보다 나은 교육혜택을 위해 주재원 생활을 많이 선호해왔다. 그리고 시댁과 멀어진다는 솔직한 장점(?)도 조금 있지 않나 생각한다. 그렇게 해서 딸과 아들 모두 중국에서 중학교와 고등학교를 마쳤고, 아들은 본인의 선택으로 중국에서 대학을 졸업했다.

딸아이 얘길 잠시 하겠다. 좀 특별한 코스를 밟았기 때문이다. 딸아이는 고등학교까지는 상하이의 발레학교에서 발레를 전공하고, 지금은 전공을 바꿔 다른 나라의 대학에서 호텔경영학을 배우고 있다. 딸아이는 사실 한국에서부터 발레를 배우면서 솔직히 재정적으로 고생한 것도 있었고, 나중에 확실한 수석 무용수가 안 되면 투자한 것 대비 본인이 얻는 것이 너무 빈약하다는 것을 평범한 봉급쟁이 아빠로서 나는 너무도 잘 알고 있었다. 그래서 딸아이에게는 중국으로 데려올 때 중국에는 발레학교가 없다고 거짓말을 하고 일반 공부로 전환시켰다. 하지만 몇 개월 후에 딸아이는 어디서 들었는지 상하이 발레학교에 대해 나에게 알려주면서 발레를 하겠다고 고집을 피웠다.

자식을 이기는 부모는 없다고 하신 모친의 말이 문득 생각났다. 결국 딸아이를 데리고 발레학교에 가서 간단한 체력검사와 더불어 기본 자세에 대한 평가를 받은 후에 입학을 시켰다.

사실 한국에서 딸아이의 발레 뒷바라지에 생활이 말이 아니었다. 한국에서는 딸아이가 초등학교수업을 마치면 매일 아내가 학교 정문에서 바로 태워 서울 방배동 학원으로 실어 날랐다. 그뿐인가. 콩쿠르에 한 번 나가려면 의상, 작품, 모든 것을 준비하는 데 엄청난 비용이 들었다. 수백만 원. 봉급쟁이가 시키기에는 사실 무리였으나 아내의 집념과 딸아이의 열정을 도저히 뿌리칠 수 없었다.

중국 주재원으로 나오면서 그 문제도 풀렸다. 중국에는 상하이와 베이징에 아주 좋은 국립발레학교가 있다. 학비는 회사에서 어느 정도는 지원을 해주니 문제가 없었고, 기숙사도 학비에 포함되어 학교에서 제공해주어 딸아이는 사실 상하이에서 중1부터 고3 졸업까지 기숙사 생활을 했다. 유치원부터 고등학교까지 엄청난 투자를 했지만, 나는 과감히 아내와 딸아이에게 전공을 전환해보자고 제의했고, 예능 계통에 한계를 많이 느낀 아내와 딸아이도 졸업 후에 다른 전공에 도전하고 싶다고 했다.

사실 나는 주변의 후배들에게 아이들을 발레나 예술 세계에 입문시키기 전에 꼭 아이들의 타고난 자질과 열정을 냉정히 평가하고, 앞뒤를 좀 따져보고 입문하길 강력히 추천해왔다. 일단 한번 입문하면 쉽게 포기할 수 없기 때문이다.

그렇다고 해서 딸아이가 발레를 배운 것에 대해 후회하는 것은 아니다. 딸아이는 사실 어려서부터 아내가 먹는 것을 챙겨줄 필요가 없을 정도로 우량아였다. 그래서 나는 발레를 딸아이의 다이어트를 위한 운동 정도로 쉽게 동의했고, 또 여자아이이기에 예술적 감각을 몸에 익히면 나중에 사회생활에도 도움이 되고, 결혼 후에 살아가면서도 예술을 느끼며 사는 풍요로운 삶이 되리라 믿었기 때문이다.

그렇지만 딸아이가 발레를 배우면서 스스로 실망을 느낀 한국 예술계의 제도적인 문제는 솔직히 아쉬움이 많다. 모든 어려움을 극복하고 챔피언이 되어야 진정한 챔피언이다. 정답이다. 그런데 돈이 너무 많이 든다.

아무튼 해외에서 주재원으로 근무하면서, 아이들은 한국에서와는 달리 학원이나 과외에서 벗어나 아주 좋아했고, 아내도 집에 적은 비용으로 가사도우미를 두고 산지라, 앞에서도 잠시 언급했지만 낮에는 학교에서 관심 있는 분야에 대해 공부도 하고, 상대적으로 저렴한 비용으로 골프를 즐기며 결혼 이후 처음으로 행복한 생활을 보냈다.

물론 초기에는 아주 힘든 시기를 보냈다. 중국어도 안 되고 친구도 없는데다가, 유일한 대화 상대인 나는 매일 늦게 들어오는 탓에 우울증 증상까지 있었다. 지금 생각해보면 그 시기를 여행과 골프로 잘 극복했다고 생각한다. 나뿐만이 아니라 적지 않은 주재원 아내들이 초기에 겪는 힘든 시련이다.

사실 부임 초기에는 남자들이 가족들을 잘 돌봐주어야 하는데, 현실적으로 회사 업무와 아이들 학교까지 챙겨야 하기에 정신이 없고, 특히 해외에는 거의 매일 출장자가 있어 접대가 매일 이어지는 탓에 가족을 소홀히 할 수밖에 없는 상황이 이어진다. 오는 사람은 일 년에 한 번이지만 접대하는 사람은 매일인 것이 바로 주재원들의 애환이라면 애환이다. 술을 마시는 분위기만 좋아하지 실제로 술이 약한 나는 차츰 어설픈 술꾼이 되어 갔다. 아마도 집사람이 힘들어 한 부분도 여기에 있었을 것이다.

매일 술에 취해서 들어오니 대화할 시간은 없고 건강도 걱정이 되고 말이다. 해서 아내는 밉지만 건강을 챙겨주려고 지역에서 나오는 여러 가지 건강식품들을 잘 챙겨주었다. 그중에서 아마도 가장 많이 먹은 것이 자라하고 홍삼이 아닌가 싶다. 자라는 아마도 수백 마리는 먹은 것 같다. 중국에서 자라요리는 상대적으로 그리 비싸지 않고, 유명한 요리이다. 그때 시작한 홍삼은 지금도 먹고 있다. 그렇게 챙겨준 덕에 아직까지 건강을 유지하고 있지 않나 싶다.

일주일에 많으면 7일이고 적으면 5일을 마셨다. 그것도 알코올 도수가 약하면 38도지만, 대부분 52도의 고량주로 말이다. 그렇게 5년을 꼬박 마셨다. 그런데 신기한 것은 귀임해서 건강검진을 받았는데 간은 아주 깨끗했다. 아마도 아내가 챙겨준 여러 가지 약과 음식 덕분이 아닌가 생각한다. 일부는 술이 바로 깨는 고량주의 특성도 있고 말이다.

물론 주말에는 그곳에서 유일한 운동인 골프를 거의 매주 했고, 한 달에 한 번은 아내하고 꼭 같이 필드 라운딩을 했다. 하지만 아내와 같이 5시간 이상을 같이 걸으며 좋은 시간을 보내기 위해서는 많은 내공(?)이 필요하다. 아무튼 골프가 좋은 운동이라는 것은 나중에 나이가 들더라도 여건만 된다면 부부가 같이 즐길 수 있는 운동이기 때문일 것이다.

요즘 젊은 후배들은 예전과는 달리 골프를 많이 배운다. 회사는 암묵적으로 임원이 되기 전까지는 필드에서의 운동은 하지 말라고 권하고 있지만, 젊은 혈기와 그들의 트렌드를 꺾을 수는 없는 것 같다. 아무튼 그럴 경우 후배들에게 두 가지 충고를 해왔다. 이성 친구든 결혼을 했으면 반드시 부부가 같이 시작할 것과 절대로 협력사 직원들과는 운동하지 말 것, 이 두 가지다.

전자는 꼭 골프가 아니더라도 이미 경험하신 분들도 있으리라 생각한다. 사실 결혼 후에도 그렇고 결혼 전에도 대기업의 경우는 같은 사업장에 근무하지 않는 경우에는 같이 취미생활을 하는 것은 더욱 힘든 것이 현실이다. 그런 상황에 시간이 날 때 혼자만 골프 연습장이건 필드건 나간다고 생각해보라. 상대의 입장에서는 쉽게 용납되지 않을 것이다. 부부라도 말이다. 그래서 가능하면 이성 친구든 반려자든 같이 하라고 적극 권한다.

나의 경우에는 주재원 근무를 할 때 골프를 시작했다. 당시 중국의 사회적 인프라 상황이 다른 취미생활을 하기에는 어려움이 많았고, 평소 골프에 대한 선망이 있었기에 바로 시작했다. 아무튼 이런저런 이유로 주재원의 경우는 임원이 아니더라도 골프를 할 수 있도록 회사 차원에서 배려가 되었다. 물론 비용은 수혜자 원칙이지만 말이다.

골프를 처음 배울 때, 나는 아내에게 스키에서 얻은 경험으로 적극 권했으나, 아내는 경제적인 이유를 내세워 하지 않겠다고 워낙 완강하게 거부한 터라 부득이 혼자 시작했다. 문제는 예상한 대로 나의 주말 운동으로 종종 주말부재가 발생하자 아내의 불만이 갈수록 커졌고, 급기야 주말에 눈치를 보면서 운동하게 되는 상황이 되어버렸다.

집에서도 텔레비전을 보면 나는 골프 게임을 보고 싶은데, 아내는 골프를 이해 못하니 집에서조차 다른 공간을 사용하기 시작했다. 이런 상황이 더 이상 지속되면 안 되겠다 싶어 아내에게는 얘길 하지 않고 조금 비싼 골프클럽을 장만해서 무조건 아내에게 갖다 주었다. 그랬더니 아내도 못 이기는 척하며, 이왕 이렇게 된 것 하겠다고 나선 후에야 비로소 우리 가정에 평화가 다시 찾아왔다.

물론 그때 같이 배운 골프는 지금도 같이 가끔 즐기고 있다. 아무튼 나는 그 후로 다시 한 번 다짐했다. 취미생활은 가능하면 일단 무조건 아내와 같이 시작하겠다고. 이유는 더 이상 설명이 필요 없으리라 생각한다. 더불어 이런 것이 보이지 않는 은퇴 후의 여가생활보험이라고 생각한다.

그리고 앞서 언급한 협력사 직원들과의 운동은 자칫 비리로 이어지기 때문에 매년 회사감사에서 조사하는 부분이다. 아직은 국내에서 골프를 하려면 사실 돈이 많이 들어간다. 웬만한 봉급쟁이 월급으로는 아직은 주말마다 즐기는 스포츠는 아니라고 생각한다. 특히 회원권이 없는 경우는 예약할 수도 없다. 아무튼 이러한 이유로 인해 회사에서는 가능한 하지 말라고 충고를 함에도 불구하고, 여기에 너무 몰입해서 좋지 않은 사례가 발생하는 경우가 있었고, 그것으로 인해 가끔 훌륭한 젊은 인재들이 부득이 회사를 떠난 경우도 있었다. 자신의 수입과 환경에 맞게 한다면 무리가 없다고 생각한다. 아무튼 주재원 업무를 하면서 골프는 나에겐 업무 스트레스를 푸는 유일한 취미생활이었다.

업무는 앞에서 소개한 것과 같이 지역전문가와 주재원 양성교육을 받고 부임을 한지라 현지직원들과 일하는 데 어려움이 전혀 없었다. 부임하자마자 관리자 대상으로 먼저 6시그마 교육을 중국어로 한 기억이 난다. 나에 대한 강한 인상도 심어주고 현지 관리자들에게 도움이 되는 무언가를 해주고 싶었는데, 결과가 아주 좋았다. COPQ(Cost Of Poor Quality), 즉 Hidden Factory를 개선하는 것이 6시그마 활동의 기본이라는 것을 중국어로 강의했다.

6시그마는 사실 회사생활에서는 상식이다. 그러니 6시그마에 관련된 공통된 단어를 이해하지 못하면 회의에서 따돌림을 당한다. 회의에서의 따돌림은 바로 회사에서의 따돌림을 의미한다. 6시그마에 대해 궁금하면 인터넷을 뒤지면 쉽게 이해할 수 있는 자료가 많이 나와 있다. 6시그마도 얘기하자면 길다. 당초에 모토로라라는 미국 회사가 현장의 품질개선을 목적으로 한 활동을 GE가 경영혁신 Tool로 변화시키면서 급속하게 전 세계에 주목을 받은 경영혁신 Tool이다. 일부 회사는 창조적인 아이디어가 상대적으로 사정이 된다는 이유로 6시그마 활동을 중지한 회사도 있다.

무엇이든 상대회사가 한 것으로 그대로 도입해서 똑같이 하는 것은 좋지 않다고 생각한다. 좋은 Tool을 도입해서 각 회사의 여건과 상황에 맞게 운영해야 효과가 극대화된다고 생각한다. 사실 회사에 새로운 Tool 하나 도입하면 엄청난 대가를 지불해야 성공할 수 있다.

생각해보면 경영층이 관심을 갖고 지시한 내용을 받아서 수행하는 기획조직이 경직되어 있으면 늘 문제가 된 것 같다. 무조건 베끼는 식으로 도입해서 부실을 낳은 경우가 정말 많이 있었다. 그런 분위기에서는 불만을 얘기하면 바로 변화에 적응하지 못하는 사원으로 찍히니 아무도 얘기하지 않는다. 그러니 당연하지만 엄청난 도입비용과 시간만 축내고 결국은 조용히 자연스럽게 사라지는 것이다. 최고 경영층의 지시로 했으니 당연히 책임문책은 없다.

아무튼 해외 주재원으로 부임하거나 근무할 경우에, 현지 인력들에게 강력한 인상을 주는 방법 중 최고가 바로 현지어로 하는 세미나라고 나는 지금도 굳게 믿고 있다.

더불어 오랫동안 취미로 활동한 축구에 대한 열정도 많은 도움이 되었다. 어렵지만 시간을 내서 현지 직원들과 같이 운동하고 얘기하면서, 자연스럽게 소통문화를 만들어 나갔다. 낮에는 현장에 들어가 열심히 같이 문제를 풀고, 저녁에는 고생하는 부문의 인력들과 고량주를 마시면서 그들의 고민을 들어주고 풀어주는 인간적인 소통을 하였고, 중국의 기념일에는 빠지지 않고 기념일에 맞는 선물을 개인 돈을 들여 아내와 가가호호 돌면서 관리자들에게 나누어준 기억이 생생하다. 그런 나의 마음을 관리자들은 직장상사이자 진정한 형처럼 받아들였고, 5년간 주재원 업무를 멋지게 할 수 있도록 그들은 내 동생이자 친구가 되어주었다.

소통이 잘되는 조직이 가장 강력한 조직이라고 생각한다. 지금도 그 생각에는 변함이 없다. 우수한 리더는 소통이 되는 조직을 만들 줄 알아야 한다고 생각한다. 우리 모두가 아는 것처럼 대통령도 국민과의 소통이 가장 관건이라고 생각한다.

한번은 저녁에 관리자들과 식사를 한 후에 술을 한잔하면서 집에 연락해서 아내들을 번개 초청하자고 했다. 중국의 문화로는 거의 불가능한 일이었기에 그다지 기대하지 않았다. 사실 지금 한국에서도 상당히 쉽지 않은 상황이라고 생각한다. 놀랍게도 내 아내를 포함해서 집에 있던 아내들이 다 나왔고, 나는 감사의 표시로 멋진 야참과 함께 현지 부하직원 아내들의 불만을 부하직원들과 자연스런 분위기에서 듣는 시간을 만들었다.

사실 미안하기도 했다. 대부분 맞벌이를 하고 있어서 피곤할 터인데, 신랑의 기를 살려주기 위해 나온 것이니 말이다. 나는 최소한 한 분기에 한 번은 부부동반 식사에 초대했고, 해외출장에서 돌아올 때는 관리자들의 아내나 아이들의 선물을 꼭 챙겨주곤 했다. 이러한 정성으로 인해 그 당시 신규로 진출한 타 회사가 제시하는 좋은 조건으로 많은 우수인력들의 빠져나갔지만, 나와 같이 일한 직원들의 이동은 없었다.

더불어 중국에서 일하면 술과 관련해서 에피소드가 많다. 그중에 하나를 소개하고자 한다. 중국도 지금은 많은 변화가 있지만, 당시에는 은행이나 세관기관들과 정기적인 친목도모 교류활동이 있었다. 지금도 물론 하고 있을 것이라 생각한다. 보기에는 중국관료들과의 모임인지라 Soft한 분위기로 생각하겠지만 오산이다. 은행이 주관하는 교류활동을 지원 사격해달라는 지원부문 선배의 요청으로 나름대로 술을 좀 한다는 멤버로 구성해서 나간 적이 있다.

술 마시는 것도 주재원들에게는 중요한 일이다. 정말이다. 이번에는 모임 시간이 낮이었다. 종종 있는 경우다. 먼저 탁구로 몸을 풀자고 해서 가볍게 생각했는데, 은행에서 대표선수를 선발해서 데리고 온 것이었다. 주최측에서는 공한증을 풀기로 마음을 먹었던 것 같았다. 아무튼 나름대로 공을 갖고 하는 운동에는 자신이 있었던 우리였지만 그들에게 완패를 당했다. 사실 사업상 져주는 것도 나쁠 것은 없다.

중국의 일반 사람들은 내 경험상 탁구를 잘 못 친다. 하지만 탁구를 좋아하는 마니아들은 당연하지만 정말 잘 친다. 중국 탁구가 왜 세계

정상인지는 그들과 한번 같이 운동을 해보면 바로 알 수 있다.

아무튼 운동 후에 은행 측에서 예약한 곳으로 자리를 옮겨서 식사와 함께 드디어 반주가 시작되었다. 일반적으로 중국에서는 시간에 관계없이 낮에도 52도짜리 고량주로 반주를 한다. 하지만 그날은 의외로 와인을 마시자고 제의하는 것이었다. 당시만 해도 와인에 대한 상식 부족으로 거의 음료수로 취급했기에 걱정하지 않고 응하기로 했다.

그런데 이 친구들이 큼지막한 와인 잔에 와인을 가득 채워서 건배를 하자는 것이었다. 건배의 의미는 당연히 Bottom Up이다. 원샷이야 우리의 전공 아닌가? 와인에 많은 경험이 없던 우린 그들이 권하는 대로 계속 마셨고, 평소와 같이 공격적으로 대응했다. 물같이 마시다 보니 결국 그 식당의 와인을 다 마셨고, 예상대로 은행 측 참석자들 전원이 완전히 취해버렸다.

우린 그들을 정중히 돌려보낸 다음 아직 퇴근시간이 되지 않았지만 술을 마셨기에 회사로 복귀하지 않고 공장장에게 보고하고는 술을 깨기 위해 식당 주변에 있는 사우나로 갔다. 와인에 대한 무지가 주는 벌을 사우나에서 그날 모임에 참석한 주재원 모두 처절하게 받았다. 그날 먹었던 음식과 와인을 모두 반납했다. 낮이라 손님이 우리밖에 없었던 것이 그나마 위안거리였다. 와인을 물 마시듯이 마시고 그 뜨거운 사우나에 갔으니 결과는 당연한 것이다. 집에는 어떻게 갔는지 모르겠고, 다음날도 업무에 많은 영향을 받았다.

중국의 술 문화는 그런 습성이 있다. 술로 한번 밀리는 인상을 주면, 계속해서 술을 갖고 시비를 거는 습성이다. 꼭 그래서는 아니지만, 중국 기관들과의 교류활동은 단단히 준비하고 갈 수밖에 없다. 물론 상대도 단단히 준비하고 나오겠지만 말이다. 참으로 무지한 인간들의 속성이라 생각할 수도 있지만, 그 또한 엄연히 그곳 문화의 일부라고 생각한다. 각 나라와 지방마다 고유한 문화가 있듯이 그것 역시 중국의 문화라면 문화이기 때문이다. 사실 한국의 술 문화도 거의 비슷한 수준이라고 생각한다. 특히 대기업은 말이다.

중국은 식사하면서 술만 마시는 것이 아니다. 우리가 알고 있는 '관시(關係)'라는 것이 주로 식사부터 시작된다고 봐도 과언이 아니다. 그야말로 많은 얘기와 더불어 상호 마음을 나눈다. 하지만 업무 얘긴 하지 않는 것이 예의다. 그렇지만 시를 연결고리로 하는 식사는 업무상 아주 중요하다는 얘기다. 그들은 아무하고나 절대로 식사를 하지 않는다. 아무리 비싸고 진수성찬인 훌륭한 식사라도 그렇다. 특히 고위관료들일수록 더 그렇다.

아무튼 그러다 보니 술 때문에 건강을 해쳐 중국 주재원을 중간에 그만둔 사원도 있고, 주재원 발령을 거부한 사원들도 아주 드물게 있다. 반면에 술 한잔하지 않고도 잘 버텨낸 주재원도 있었다. 나는 딱 한 명을 봤다. 대단한 인물이다. 하지만 얼마나 힘들었을지는 아마 쉽게 이해가 갈 것이다.

중국은 술자리에서는 상대에 대한 존중의 의미로 3배를 고집한다. 즉, 한 사람과 세 번 연속 건배해야 한다. 그리고 중국은 상대에 대한 예우로 One By One으로 마신다. 그래서 40명 정도의 현장 관리자들과 회식하면 기본적으로 가장 적게 마셔도 120잔은 마셔야 된다는 것이고, 그래도 격을 따지면 150잔 이상은 마셔야 된다는 얘기다. 그나마 고량주 잔이 작기에 정말 다행이다.

중국에서 근무하면 일 년에 한 번은 현지 관리자들과 힘든 시간을 꼭 보내야 한다. 바로 연봉계약이다. 다른 것은 쉽게 갈 수 있더라도 중국 직원들의 연봉면담은 상상을 초월한다. 심한 직원들은 자기가 받은 수당을 날짜별로 1년을 다 기록해 갖고 와서 어떻게 하든 조금이라도 더 받으려고 줄다리기를 한다. 매년 열 명 정도는 한 번에 서명하지 않고 몇 번의 면담을 거친 후에야 서명을 받아낼 수 있었다. 그들과 어려운 시간도 최대한 정성을 다했다고 생각한다.

내가 그들에게 정성을 다한 이유는 단순하다. 그들이 있기에 내가 봉급을 받을 수 있고, 그들이 바로 법인의 미래이고 성장동력이라고 생각했기 때문이다. 이 역시 지금도 변하지 않는 나의 철학이다. 부하 직원의 열정과 지원사격 없이는 가능한 일이 하나도 없다고 생각한다.

그리고 그 친구들 중에서 내 자리를 맡을 인재를 골라 육성하는 것도 관리자로서 중요한 임무 중의 하나라고 생각한다. 나는 운이 좋게 우수한 현지 인력들과 같이 일했고, 그중 한 명을 내 후임자로 선정해서 함께 열정을 갖고 일을 즐겼다. 호지자불여낙지자(好之者不如樂之者). 물론 당시에 같이 일한 주재원 후배들도 열정적으로 같이 업무를 해주었기에 좋은 결과가 나왔다고 생각한다.

또한 당시 같이 근무했던 주재원들의 호흡은 주재생활의 성공 여부에 중요한 요소이다. 나는 운 좋게도 우수한 주재원들과 같이 근무했다. 주재원들은 대부분 우수한 인재들이 나오게 되어 있다. 하지만 내가 언급하는 것은 바로 하모니다. 하지만 꼭 그렇지는 못하다.

아무튼 주재원으로 부임하자마자 나는 현지 관리자들을 모아놓고 얘길 했다. "같이 열정적으로 재미있게 일하자. 그러면 여러분도 주재원들처럼 차를 몰고 출근하는 날이 반드시 올 것이고, 지금보다 더 멋진 아파트에서 살게 될 것"이라 했다. 나는 주재원들의 임금과 생활수준이 현지 관리자들의 꿈이라고 생각했고, 미안한 마음도 있었지만, 그들에게 진정한 꿈을 심어주고 싶었다.

지금 대부분 법인의 현지 관리자들은 차를 몰고 출근한다. 그 당시에는 반신반의했겠지만, 어떻게 보면 확실한 비전을 제시했다고 생각한다. 중국은 이런 문화적인 경향이 있다. 부자 혹은 본인보다 조건이 좋은 사람들을 경계하거나 필요 없는 오해를 하지 않는다. 그들의 꿈과 목표의 대상으로 삼는다. 언젠가는 나도 열심히 해서 그들처럼 잘 살아보겠다는 것이다. 즉, 부자가 존경 받는 곳이 바로 중국이라고 생각한다.

공산당이 아직도 국가를 이끌고 있는 사회주의 국가인 중국이, 이런 면에 있어서는 우리나라보다 훨씬 더 자본주의적이라는 생각을 지금도 하고 있다. 사실 중국에 가서 우리가 알고 있는 공산주의를 생각하면 아주 큰 오산이다. 내가 같이 근무한 많은 현지 관리자들은 실제로 공산당원이었지만, 나는 그것을 전혀 느낄 수 없었다.

아무튼 나는 가끔 회사의 너무 어려운 비전에 회의적이었던 것이 사실이다. 현장의 사원들 누구나 피부로 느낄 수 있는 비전이 진정한 비전이라고 생각한다. 예를 들면 "모두 백만장자가 되자", 얼마나 좋은가? 심플하고 마음이 풍요롭지 않나.

그렇게 같이 형제처럼 일하던 현지 후배들도 내가 변한 것과 같이 세월이 흘러 퇴사 후에 자기사업을 하는 친구도 있고, 세계적인 중국기업으로 자리를 옮겨 한국기업에서 익힌 노하우를 백분 발휘하고 있다. 왜 우수한 인력을 계속 지키지 못할까? 쉽지 않은 얘기다. 아무튼 가슴을 열고 소통하는 조직을 이끌어 가면, 어지간한 상황이 아니고는 조직을 떠나는 일은 발생하지 않는다는 것이 나의 철학이다.

특히 한번의 실수는 과감히 용서해주고 그것을 다시 만회할 기회를 주는 것이 나의 인재관리 철학이었다. 한번 뽑은 인재는 신뢰를 갖고 소중히 대하라는 것이 내가 근무했던 기업의 인재철학이기도 했다. 거꾸로 내가 챙겨줄 수 없는 우수한 후배의 길을 열어주는 것도 리더의 역할이라고 생각한다.

돈이건 사람이건 모두 돌고 도는 것이라 생각한다. 어느 누구도 개인이 성장할 권리를 막을 수 없다고 생각한다. 그래서 나는 많지는 않았지만 직장생활을 하면서 스스로 떠나고자 하는 후배들을 잡아본 적이 없다. 단지 들어보고 무언가 좀 불확실해 보일 경우에만 다시 한번 더 생각해보라고 하였고, 다시 요청하면 100% 수용했다. 그 후배의 미래를 내가 막을 권리가 없기 때문이다. 또한 현재에 머물지 않고 변화의 불편함을 감수하면서 도전하겠다는 용기를 막을 이유가 없다고 생각했다. 그렇게 해서 조금 일찍 밖으로 나가 사업하는 후배도 있고, 다른 부서로 옮겨 해외에 근무하는 후배들도 있다.

또한, 나는 주재근무를 하면서 상사 덕분에 보직이 바뀌는 소중한 경험을 했다. 내가 주재원으로 파견 나갈 당시에는 기술직 보직인 수석이었고, 검사 부문을 총괄하는 업무를 하고 있었다. 그것을 새로 부임하신 공장장께서 과감히 조립부터 검사, 기술까지, 즉 현장을 총괄하는 팀장이라는 중요한 보직을 부여해주셨다. 기술부문만 챙기던 관리자에서 전체를 보는 경영자로 출발하는 순간이었다.

흔히 남자들은 그런 얘기를 한다. 군대에서는 인사계를 잘 만나야 하고, 사회에서는 상사를 잘 만나야 한다고. 나는 정말 상사 복은 타고난 것 같다. 나를 인정해주는 상사가 아마도 최고의 상사라고 생각한다. 그때 그 상사가 나를 팀장으로 임명하지 않았으면 나는 수석으로 직장생활을 마무리했을 확률이 크다고 생각한다.

이전에 경험해본 적이 없는 공정에 대해서는 매일 현장을 방문해서 열정적으로 현장 관리자들과 배우고 토론해서 빠른 시간에 업무를 파악할 수 있었고, 자연스럽게 조직도 장악했다. 세계적인 경영 컨설팅 하시는 분들이 자주 그런 얘길 많이 한다. 현장에 모든 답이 있다. 사실이 그렇다. 어떤 업무든 그 업무의 현장에 답이 있고, 현장을 잘 이해하지 못하는 사람은 아무리 똑똑해도 한계가 있다. 내가 현지 직원들에 대한 관리를 어떻게 했고, 그들과 어떻게 교감을 나누었는지는 앞에서 간략히 설명했기에 생략한다.

해외법인은 국내와 달리 본사의 경영진단과 회계감사가 자주 있다. 현지 법인의 재무상황과 업무적 비리를 정기적으로 감사해서 사전에 부실을 예방하고자 하는 것이다. 사실은 경영 투명성 부족으로 발생하는 부실을 방지하는 활동이다. 투명성을 매뉴얼로 확인하는 비생산적인 활동이라고 나는 생각한다. 일반 감사와는 달리 비정기적으로 그룹 차원의 경영진단은 차원이 좀 다르다. 특히 경영실적이 부실하거나 외부에서 잡음이 발생하고 있는 것으로 판단될 경우에 진행된다.

이것은 차원이 다르다. 주재원과 법인장의 업무능력도 평가한다. 예를 들면 현지에 있는 업체에 나가서 업체 담당자와 주재원들이 면담하는 것을 진단 담당자들이 현장에서 참관한다. 만일 어학능력이나 업무능력이 부족할 경우는 진단이 마무리되는 시점에 모두 귀임조치를 받게 된다. 살벌하지만 사실이다. 그렇기 때문에 자신의 업무와 관련해서는 끊임없이 유지 발전시키는 노력이 필요하다. 한 법인에서 많게는 절반 이상의 주재원이 귀임하는 것도 보았다.

그리고 너무 사리에 밝은 주재원들이 현지에서 이권을 얻기 위해 투자하는 것은 물론이고, 진단을 진행하면서 주재원들이 하고 있는 모든 것이 다 밝혀진다고 생각하면 된다. 어떻게 보면 좀 무섭고 살벌하다. 자신의 업무만 충실히 하면 전혀 문제가 없지만, 조금이라도 그 선을 벗어나면 바로 귀임해야 하거나 심하게는 퇴사 조치를 받는 경우도 종종 있었다.

주재원 시절에 업무적으로 또 하나 중요한 인연이 바로 SCM이었다. 나는 복잡하고 많은 공정을 거쳐야 비로소 완제품으로 만들어지는 회사에서 근무했기에 SCM이 매우 중요하였다. SCM(Supply Chain Management)은 공급에 대한 Route 관리다. 하지만 공정이 복잡하고 각 공정의 설비가 많기에 어느 누구도 완벽한 시스템을 구축하지 못했다. 나는 관련 부문과 TFT를 구성해서 내가 근무한 법인에 SCM의 근간이 되는 시스템을 셋업 하는 귀중한 경험을 했다. 그때부터 회사를 운영하면서 가장 중요한 것 중의 하나가 SCM이라는 것을 깨달았다.

내가 근무한 회사의 경쟁력을 한마디로 표현하라고 하면 나는 주저 없이 SCM이라고 답변할 것이다. 수주부터 고객에게 전달되는 모든 과정이 시스템으로 완벽하게 구축되어 있다. 따라서 모든 제품의 위치 파악은 물론이고 고객의 납기를 예측하고 문제를 사전에 감지하여 대응하므로 고객만족은 물론 투명하게 경영하기 위한 가장 중요한 기본이 바로 SCM인 것이다.

더불어 국내로 복귀하면서 한 가지 꼭 마음먹고 해보고 싶었던 것이 있다. 바로 사원들의 글로벌 경쟁력 확보다. 특히 주재원으로 근무하면서 출장자들이 중국어가 되지 않아 발생한 회사의 시간적·금전적 손실도 컸을뿐더러, 업무 내용을 잘 모르는 통역을 쓰다 보니 업무 내용의 깊이와 인적 교류에 한계를 많이 느꼈다. 그래서 나는 기회가 있을 때마다 부서원들을 적극적으로 장기출장에 합류시켜, 업무지원과 병행하여 중국어 어학자격을 획득할 수 있도록 기회를 부여하였고, 팀 내의 회의도 중국어나 영어로 하는 실험을 병행하였다.

하지만 회의는 실패했다. 예상했던 고참 부장들의 참여가 미약한 결과였다. 이 부분이 지금도 너무 아쉬운 부분이다. 외국어를 잘하는 여러 가지 방법 중에서 업무와 연계하는 것이 가장 좋은 방법이라는 생각은 지금도 변함이 없다. 물론 실행은 쉽지 않지만 말이다. 아무튼 장기출장을 이용한 중국전문가 양성은 성공적이었고 지금도 운영되고 있다.

또 하나 기억에 남는 교육이 바로 TPS(도요타 생산방식)교육이다. 나는 TPS를 주재원 양성교육을 받을 때 본사에서 이미 접한 경험이 있었다. 이 교육은 일본 현지에서 진행되는 합숙교육이다. 신입사원연수 시절에 했던 새벽구보를 오랜만에 다시 한 곳도 바로 그곳이었다. 처음에는 이해가 되지 않았다. 왜 그들은 자신들의 경쟁력인 노하우를 전 세계에 공개하고, 그것도 모자라 자기 나라로 불러들여 교육하고 현장을 다 보여주는 것인지 정말 이유를 알 수 없었다.

내가 내린 결론은 다음과 같다. 남에게 보여주고 남이 쉽게 따라 할 수 있으면 그것은 경쟁력이 아니라는 것이다. 다시 말해서 진정한 경쟁력은 다른 회사에 모든 것을 다 보여줄 수 있어야 한다고 생각한다. 그들만의 사상은 이해해도 실행은 쉽지 않기 때문이다. 그렇기에 전 세계에서 그 많은 회사들이 TPS를 교육 받았지만, 도요타(Toyota)와 같은 수준의 TPS를 성공적으로 혁신한 회사는 많지 않은 것으로 안다. 물론 TPS는 도요타의 공유철학이 그 바탕을 이루고 있다고 확신하지만 말이다.

어찌되었든 도요타 시(市)에 있는 도요타 본사 공장은 정말 충격적이었다. 자동차를 만드는 공장의 현장환경이 너무 깨끗했다. 끊임없는 혁신으로 전 세계인을 향해 공개적으로 도전하는 그들이야말로 전정한 챔피언이라는 생각을 했다. 각 나라의 많은 회사들이 TPS를 실패한 다른 여러 가지 이유가 있겠지만, 일본 그리고 도요타와 도요타의 협력업체들만이 갖고 있는 기업문화가 다른 나라에는 없는 것도 주요 요인이라 생각한다.

최근에 도요타자동차의 품질문제가 부각되어 TPS를 접한 나로서는 사실 그 상황을 쉽게 이해할 수 없었다. TPS를 만든 회사가 TPS를 잘 지키지 않아서 발생한 것이라고 생각한다. 경영자가 조금이라도 느슨

하게 회사를 관리하면 도요타자동차도 그렇게 될 수 있다는 좋은 본보기가 아닌가 생각한다. 아무든 TPS를 통해서 철저한 낭비제거사상을 그때 배우게 되었고, 그 후 모든 업무에 그 사상을 바탕으로 현장의 혁신을 추진했다. SCM의 근간인 모든 원부자재에 대한 적정재고관리도 바로 TPS의 주요 사상이다. 물론 중국의 현지 관리자들도 전원 일본에 가서 TPS사상을 이수하였다.

이렇게 업무와 조직관리에 최선을 다한 나는 유능한 주재원으로 인정을 받았지만 따뜻한 가장(家長)의 역할은 잘 못했다. 그래서 나는 1년에 두 번 정도 있는 연휴를 이용해서 무조건 가족과 함께 해외여행을 했다. 처음에는 홍콩과 마카오를 다녀왔다. 광저우(廣州)까지는 항공편으로 이동해서 선전(深?)까지 관광한 다음 열차로 홍콩으로 이동했다. 홍콩의 경우는 이미 지역전문가로 활동하던 시기에 다녀온 경험이 있었으므로 가족들을 위해 가이드 역할을 톡톡히 했다. 당시 홍콩에 처음간 아내는 파격적으로 세일을 하는 백화점의 유혹에 많이 흔들렸다. 특히 아내가 여자들의 선망인 루이뷔통(Louis Vuitton) 매장에서 한참을 머무는 통에 나를 바짝 긴장시켰던 기억이 난다.

중국 지역전문가 시절에 홍콩을 방문했을 때, 당시 럭셔리(Luxury)한 택시와 예상보다 훨씬 화려한 도시 분위기에 일종의 문화적인 충격을 받았던 기억이 있다. 그도 그럴 것이 그 시기는 90년대 중반이었는데, 홍콩거리에 오가는 대부분의 차는 정말 세계의 최고급 차들로 가득했다. 당시 서울에서도 BMW와 벤츠(Benz)는 찾아보기가 쉽지 않은 시기였다. 당시 우리는 위안을 삼고자 대한민국의 H사 차를 눈을 부릅뜨고 찾아보았지만, 사흘 동안 아쉽게도 한 대도 발견하지 못했다.

가족들도 처음 와본 홍콩에 대해 많이 놀란 눈치였다. 아이들도 홍콩영화에서 본 홍콩과 많은 차이를 느낀 것 같았다. 아무튼 우리 가족은 홍콩과 마카오의 이국적인 분위기에 대만족을 느꼈고, 나는 그것으로 조금 위안을 삼았다.

한번은 말레이시아의 코타키나발루(Kota kinabalu)로 여행했다. 호텔 Package로 예약해서 간 여름휴가여행이었는데 가족 모두 좋은 기억을 갖고 있다. 전체적인 일정을 내가 직접 현지에서 잡은 덕분에 비용도 상대적으로 저렴했고 일정도 알차게 보냈다. 특히 우리 가족은 처음으로 그곳에서 래프팅을 경험했다. 겁이 많은 아내가 물을 보는 순간 겁을 집어먹었는지 자기는 빠지겠다고 고집을 피우다가, 막상 하고 나서는 한 번 더 타자고 말하는 바람에 아이들과 할말을 잃었던 기억이 난다. 나는 말레이시아에서 영어와 중국어가 다 통하는 것을 경험하면서 중화의 위력을 새삼 느꼈다.

그래도 가족들이 대만족을 느낀 여행은 앞서 언급한 하이난다오(海南島)였다. 귀국 후에 다시 가자는 약속을 지키지는 못했지만 여름휴가를 정말 가족과 재미있게 보낸 곳이 바로 그곳이었다. 귀임하기 바로 전에 주재원 생활을 기념하기 위해 유럽을 다녀왔지만 완전히 여행을 망친지라 이것은 생략하겠다. 단지, 유럽여행은 여행사를 잘 선택해야 한다는 것을 확실하게 느낀 여행이었다. 아무튼 나는 후임 주재원 후배들에게 신신당부했다. 연휴 때에는 꼭 가족과 해외여행을 다녀오라고. 귀임하면 거의 불가능하기 때문이다.

중국 국내여행도 몇 번 다녔지만, 앞서 언급한 것과 같이 중국의 국가 휴무 시 이동은 많은 어려움이 있어 차를 갖고 갈 수 있는 근교를 많이 다녔다. 가장 기억에 남는 중국 내의 여행은 바로 화산(華山)이다. 중국의 시안(西安) 근교에 있는 산으로 중국의 명산 중의 하나다. 귀임 전에 아내와 둘이서 다녀온 산이다. 물론 가는 길에 시안을 둘러보고 말이다.

상하이에서 항공편으로 시안까지 이동했지만 가장 재미있게 여행하려면 베이징이나 상하이에서 야간열차로 이동하는 것이다. 당시 2월 초였던 관계로 항공편부터 호텔까지 모든 것이 비수기 요금이어서 저렴하게 다녀왔다. 호텔은 일단 시안에서 가장 좋은 특급호텔을 예약했다.

여행을 다닐 때 나만의 기준이 하나 있는데, 그것은 호텔은 좋은 곳에 묵어야 한다는 것이다. 특히 가족여행은 이 기준을 지금도 지키고 있다. 안전을 최우선으로 해야 하는 이유도 있고, 여행을 즐기기 위해서는 잠을 잘자고 잘 먹어야 한다는 것과 가족들에게 좀 잘해주고 싶은 마음일 것이다.

그렇게 시안에 도착해서 진(秦)나라와 당(唐)나라 시대의 많은 유물을 감상하고, 마지막 날 화산에 오르는 일정을 잡았다. 화산은 기암절벽으로 이루어졌는데 정말로 아름다운 산이었다. 나는 지금도 중국의 최고의 산을 뽑으라면 조금도 주저하지 않고 화산을 꼽는다. 가파른 절벽을 리프트로 한참을 올라 정상 부근에 도착해서 동서남북으로 이루어진 정상을 도전하는 산이다. 정상까지 가지 않고 산책하는 기분으로 정상에서 주변을 돌아보아도 절경을 느끼기에 충분하다. 가파른 절벽에 세워진 3성급호텔은 보기만 해도 짜릿하다. 그 호텔은 성수기에는 예약이 힘들다고 한다. 어떤 사람들인지 궁금하다. 아무튼 언젠가는 아내와 다시 가고 싶은 산이다.

시안에서 약 2시간이 걸렸는데, 나는 호텔 앞에서 대기하는 택시를 하루 빌려서 다녀왔다. 물론 가격은 잘 협상해서 말이다. 중국이 자랑하는 황산에 가서 운해(雲海)도 보고 왔지만 화산보다는 못했다. 물론 개인적인 취향이라 생각한다.

아무튼 나는 주재원 5년의 업무를 아주 즐겁고 열정적으로 잘 마무리하고 복귀했다. 본사로 복귀할 때 주재업무를 잘 수행한 것으로 평가를 받아 수석이지만 팀장으로 복귀하는 영광을 누렸다. 중국 현지에서의 팀장 경험이 본사의 팀장 역할을 수행할 때 많은 도움이 되었다.

주재원으로 근무하면서 개인적으로 중요한 것은 아이들 교육이었고 또 하나는 바로 재테크였다. 아이들 교육은 앞에서 잠시 소개했지만, 큰아이는 본인이 자란 중국에서 중학교와 고등학교에 이어 대학까지 졸업하고 군입대를 할 예정이고, 작은아이는 한국에서 유치원 때부터 시작한 발레를 중국에서 중학교와 고등학교까지 전공하고, 고등학교 졸업 후에는 전공을 바꾸어 호주에서 호텔경영학을 공부하고 있다.

큰아이는 영어를 사용하는 외국인학교를 선택하지 않고 중국 국내 사립학교를 선택해서 중국학생들과 공부했다. 대학까지 9년을 중국어로 공부한 것이다. 그것을 바탕으로 미래의 역군으로 성장하리라 믿는다. 누구나 그렇겠지만 이런 것이 바로 24년간 직장생활의 소중한 결실이 아닌가 생각한다. 자식농사. 특히 나의 해외주재 업무로 인해 아이들은 자연스럽게 해외에서 공부했고, 그것이 아이들에게는 나름대로 글로벌 경쟁력이 되지 않았나 생각한다.

중국에서 학교를 다닐 때는 왜 하필이면 중국이냐고 불만을 표출하던 딸아이도 졸업 후에 다른 나라에 가서 호텔 공부를 하며 본인이 자연스럽게 사용하는 중국어 실력으로 얻는 여러 가지 혜택으로 지금은 스스로 대견함을 느끼고 있는 것 같다. 글로벌 경쟁력에 대한 위력을 경험을 통해 아마도 조금은 느낀 것 같다.

자녀교육도 중요하지만 재테크도 중요하다. 사실 직장생활을 하면서 서울이나 근교에 괜찮은 집을 장만하는 것이 샐러리맨들의 꿈이지만 쉽지 않은 것이 현실이다. 그런 이유로 아내는 주재원으로 나가면서 갖고 있던 집을 팔아 분당에 조금 큰 평수의 집을 장만했다. 물론 나중에 귀임한 후에 살려고 미리 준비한 것이다. 지금 생각해보면 만일 그때 집을 미리 사놓지 않았으면 아파트 가격 폭등으로 귀임 후에는 도저히 장만할 수 없었을 것이다.

아무튼 주재원으로 나갈 경우에는 아주 중요한 것 중 하나가 재테크이므로 부부가 잘 상의해서 지혜롭게 투자하길 권한다. 자칫 잘못하면 복귀할 때 집 하나 장만할 수 없는 서러움을 겪을 수도 있다. 의외로 서러움을 경험한 주재원들이 꽤 있다.

하지만 반대로 너무 무리한 시도는 반대 상황이 발생할 수도 있다. 특히 한국에 있는 집을 매각해서 그 돈을 전부 주식에 투자해 막대한 손실을 본 주재원들도 많이 있다. 주식은 본인이 판단하겠지만 가능하면 하지 않는 것이 상책이라 생각한다. 특히 아내들이 귀가 얇아 발생하는 경우도 많이 있다. 나도 주재원 초기에 적지 않은 자사주를 해먹은 경험이 있다. 지금까지도 아내에게 꼼짝 못하는 것이 바로 이 사건이다. 노후에 사용하자고 했던 것을 내가 다 해먹었으니 당연한 결과라 생각한다.

아무튼 재테크는 주재원생활의 중요한 결실 중의 하나이므로 신중을 기해 잘하길 권한다.

임원으로 가는 과정

　대기업의 경우, 일반적으로 임원으로 승진하기 위해서는 먼저 팀장이라는 직책을 맡아서 성과를 내거나, 그에 걸맞은 실적을 내서 팀장으로 승진하는 경우가 일반적이다. 임원은 종종 농담으로 '운7기3(運7技3)'이라고 한다. 능력이 있어도 운이 좋아야 한다는 것이다. 임원이 될 시기에 회사의 경영상황이 좋거나 본인이 승진한 후에 맡을 자리가 있는 것과 같이, 전체적인 회사 분위기가 본인의 승진에 유리한 상황으로 전개되는 경우가 정말 있다. 그래서 그렇게 얘기할 수도 있고, 아무튼 경험상 틀린 얘기는 아닌 것 같다.
　능력이 있어도 흔히 얘기하는 자리가 없어서 승진하지 못하는 경우도 많다. 또 모든 것이 다 준비되어 있어도 경기가 좋지 않아 임원 승진비율이 상대적으로 낮으면 역시 어렵다. 그래서 농담으로 대기업 임원은 하늘이 OK 사인을 해야 한다는 얘길 하는 것이 아닐까 생각한다. 그만큼 어렵다는 얘기일 것이다. 아무튼 나는 국내 본사로 복귀하자마자 2006년 6월에 임원 양성과정에 참여하는 영광을 동시에 누렸다.

임원 양성과정은 각 사의 부장들 중에서 임원으로 양성하고자 하는 부장들을 다시 면밀하게 선별하여 그룹 차원에서 교육하는, 그야말로 교육 중에서는 최고의 교육이라고 할 수 있다. 그러다 보니 본 과정에 참여할 대상인력에 대한 선정은 그룹의 비서실까지 결재가 나야만 최종적으로 선정된다. 업무고과는 물론이고 회사에 대한 Loyalty와 리더십 등을 종합적으로 평가하여 선정된다. 선정된 인력들은 약 6개월간 근무시간에는 업무에 충실하고, 퇴근시간 후에는 강도 높은 여러 과제를 공부하고 Report를 제출해야 수료가 가능하다. 그렇기에 본 과정을 시작하면 거의 매일 밤 11시가 넘어서 간신히 퇴근을 했다.

형설지공(螢雪之功)이 따로 없다. 복귀하자마자 매일 밤 늦은 시간에 퇴근하자, 팀원들 사이에 일벌레로 소문이 돌면서, 나로 인해 본의 아니게 팀원들의 평균 퇴근시간이 늦어지는 그야말로 안 좋은 분위기의 팀으로 갑자기 전환되어버렸다. 결국은 다들 모아놓고 상황을 설명하는 해프닝이 벌어지기도 했다. 임원 양성과정 교육은 아주 빡빡하게 진행된다. 100% 회사전용 인터넷을 통해 과제와 시험을 진행한다. 사외의 2년 과정 MBA를 6개월에 마친다고 생각하면 된다. 각 대학의 최고 교수들이 각 과목을 담당하여 진행한다.

중간에 몇 번의 합숙교육을 통해 중간정리를 하는 시간을 준다. 맨 마지막에는 조별로 미래의 먹을거리 내지는 현안을 개선할 과제를 선정해서 사장에게 보고하고 좋은 평가를 받아야 비로소 과제가 마무리된다. 마지막 과제가 가장 힘들고, 각 조별로 각자의 역할을 다해서 그야말로 전체 시너지로 승화시켜, 과제 선정부터 발표까지 사장이 모두 OK를 해야만 수료되는 것이다. 가끔은 내용이 부실해서 사장의 실망스러운 평가로 처음부터 다시 한 기수들도 있었다.

내가 속한 조는 어느 공정에 대한 미래의 방향을 잡는 프로젝트를 주제로 삼았고, 발표도 내가 하는 영광을 누렸다. 사실 발표는 그룹의 핵심 경영층이 다 참석해서 경청하고 질문하는 차에 너무 긴장해서 생각한 만큼 잘하진 못했다고 생각한다. 이렇게 모든 것을 마치게 되면 마지막으로 수료기념 회식이 진행된다. 가끔 그룹의 회장이 참석해서 격려하는 경우도 있다.

대기업의 임원은 각 사별로 Process는 조금씩 다르겠지만 기본적으로 이와 같은 과정을 마쳐야 비로소 임원 대상이 된다고 생각한다. 이 교육은 참가자들의 100% 수료를 목표로 한다. 따라서 끝까지 해야 하기에 어떡하든 각 과목을 통과해야 한다. 이 교육을 받으면서 업무 역시 최고의 실적을 내야 하기에 입사 이후 가장 바쁘게 보낸 시기였다. 임원으로 가려면 이 과정을 필수적으로 수료해야 하지만, 매년 평가를 받는 업무고과와 연봉등급 역시 최소 2~3년은 최고 등급을 받은 부장들만이 대상자가 된다고 보면 된다.

나는 수료 후에도 1년을 팀장업무를 지속적으로 수행한 후에 임원으로 승진하였다. 흔히들 군대에서 별을 단 것과 비교하곤 한다고 들었다. 직원들 중에서 소수만이 선택되어 임원이 된다고 한다. 임원 양성과정을 수료한 부장들 중에서도 일부만 임원이 된다고 보면 된다. 그만큼 업무 역량은 물론이고 모든 면에서 있어서 차별화된 능력이 인정되어야 비로소 임원으로 승진된다고 이해하면 될 것 같다. 지역전문가나 주재원, 임원 양성과정 모두 업무고과가 상대적으로 아주 뛰어나야 하며, 어학등급을 필수적으로 보유해야만 가능하다.

앞에서도 외국어에 대해 언급했지만, 최근에는 과장, 차장, 부장으로 진급하려면 기본적으로 외국어 자격이 있어야 가능하다. 아무튼 임원 양성과정과 지역전문가, 주재원은 최고의 직원들에게 주는 미래인재양성교육이고, 사원은 누구나 참여 대상이라고 할 수 있다. 사원 모두에게 다 혜택을 줄 수는 없기에, 열정과 꿈을 이루기 위해 하나씩 자신의 Spec을 갖춰가는 사원에게 낭연히 기회가 주어진다고 생각한다.

나는 행운아였다. 상사와 부하를 잘 만났다고 생각한다. 그래서 과장 때부터 상사에게서 시간 보는 법이 아닌 시계 만드는 법을 배웠다. 즉, 실패를 보고 1회용 대책이 아닌 근원적 대책을 강구했고, 그것을 누구나 공유하고 관리할 수 있는 시스템화시키는 방법을 추구했다. 더불어 전략수립을 할 때에는 단순히 아랫사람들에게 Report를 만들라고 지시하는 것이 아니라 항시 방향을 제시하는 것이 리더라고 배웠고, 의사결정에 있어서 머뭇거리거나 책임을 회피하지 않으며, 모든 잘못된 책임을 질 수 있는, 후배들의 믿음직한 방패 역할이 리더이고, 후배의 비전을 명확하게 제시해주는 것 역시 리더의 몫이라고 배웠다. 나는 지금까지 그렇게 생활했고, 앞으로도 그렇게 생활할 것이다.

팀장을 하면서 가끔 고민했던 것이 여사원들의 승진과 평가였다. 대부분 맞벌이를 하고, 결혼 초기에는 출산으로 인해 불가피하게 업무의 공백이 생긴다. 그러다 보니 승진과 평가를 할 때 어려움이 생길 수밖에 없었다. 나는 최대한 배려해서 출산휴가 후에 업무 공백을 잘 메울 수 있도록 업무를 조율했다. 물론 본인의 의지가 가장 중요하다고 생각한다.

아무튼 선후배들의 적극적인 지원 아래, 나는 국내로 복귀하여 임원 양성과정을 수료하였고, 임원으로 승진하게 되었다. 매년 9월경에 대상자가 선정되고 각 사업부의 평가를 거쳐 최종적으로 그룹 전체를 관장하는 부서를 거쳐 회장의 결재를 얻은 후에 발표한다.

지금도 사장님이 직접 전화로 알려준 승진 전화를 아내와 함께 받던 날을 잊을 수 없다. 당일 집전화로 사장님이 직접 전화를 주신다고 선배 임원이 사전에 정보를 주어 퇴근 후에 집전화를 탁자에 올려놓고 아내와 마음을 졸이면서 기다렸다. 그런데 비슷한 시각에 사장님은 집 전화가 아닌 휴대폰으로 전화를 주셨다. 사실 나는 휴대폰으로 걸려온 전화가 번호저장이 안 되어 있는 번호의 전화인 경우는 스팸(Spam) 전화로 간주하고 받지 않는다. 지금도 마찬가지다. 이유는 다들 알 것이다. 아무튼 신임사장의 전화번호를 미리 저장하지 못한지라 그 전화 역시 스팸 전화로 처음에는 판단했다. 하지만 왠지 받고 싶은 충동이 있었고, 시기가 시기인지라 받았던 것 같다. 전화통보를 받고 기쁨의 눈물을 흘리던 아내의 모습이 생각난다.

아무튼 지금도 그 전통은 이어지고 있다. 발표가 나는 날 밤에 전화를 받지 못하면 임원에서 탈락된 것이다. 물론 승진 발표는 사장부터 맨 아래 상무이사까지 순차적으로 통보된다. 그러므로 상무이사는 가장 늦게 전화를 받게 된다. 임원 발표는 극비로 움직이기에 사전에 아무도 알 수 없다. 사실 대기업에서 임원으로 승진하는 것은 대단히 어려운 일이다. 해마다 많은 부장급 인력들이 양성과정에 참여하지만 모두 다 임원으로 진급되지는 않는다.

제8장

임원

임원 승진

임원으로 승진되면 먼저 엄청나게 많은 축하의 난(蘭)을 받는다. 회사와 집에는 장소가 모자랄 정도로 난이 많이 들어온다. 그룹회장으로부터 가까운 친지들까지 보내니 얼마나 많겠는가? 물론 1~2주 후에 이것을 지인들에 나누어주는 기쁨도 누리게 된다. 사실 난에 대해 완전히 무지했던 나와 아내는 그때 난을 조금 알게 되는 계기가 되었다. 아무튼 넘쳐나는 난을 살리기 위해서는 분양만이 최선의 방법이다.

그뿐만이 아니다. 관련회사에서 좋은 와인과 더불어 명품 도자기도 온다. 휴대폰 역시 가장 좋은 것으로 바로 교체해주고, 집에서도 업무를 볼 수 있도록 최신모델의 노트북 PC를 Best 사양으로 바로 Set Up 해준다. 물론 매월 발생하는 통신비도 회사에서 부담한다. 요즘 긴급결재는 똑똑해진 스마트폰으로 집에서 한다. 그 외에 많은 축하선물이 도착한다. 그리고 부부동반 축하 파티가 그룹회장이 주관하는 멋진 특급호텔에서 열린다. 물론 최고급 와인과 더불어 음식이 제공되고, 지방근무자들에게는 숙박권도 제공된다.

부장 팀장과 임원 팀장에게 하는 대우는 그야말로 하늘과 땅 차이다. 일단 대우 측면에서 보면, 각 회사마다 다르겠지만 일단 내가 다니던 회사의 경우는 유일하게 부장 팀장은 차만 회사 밖이 아닌 회사 내에 주차할 수 있는 혜택을 준다. 그 외의 모든 대우는 일반 부장과 똑같다. 흔히 얘기하는 Maigari(부장) 팀장의 서러움을 잔인하게 겪는 시기다. 팀장 이상의 회의는 참석하지만 가끔 회의가 끝난 후에 하는 식사는 임원들만 하는 경우가 있다. 이런 경우는 원칙적으로 참석이 불가하다. 더불어 팀장들 골프모임 역시 부장 팀장은 참석이 불가하다.

하지만 임원은 다르다. 차의 경우를 보면, 임원은 회사에서 제공되는 차에 대해서는 세차부터 차량에 들어가는 모든 비용을 회사가 처리해준다. 차량은 2700cc 배기량 수준의 차량을 선택할 수 있고, 월급은 구체적으로 밝히지는 못하지만 대기업은 부장보다 훨씬 많다고 생각하면 된다. 출장을 갈 때도 호텔과 비행기의 Class가 부장일 때보다 한 단계 업그레이드 된다. 그뿐만이 아니다. 각 팀의 조직관리를 위한 활동비가 인원수에 비례해서 나온다. 이것 역시 적지 않은 비용이다. 술을 마신 후에도 안전하게 대리기사를 불러서 갈 수 있도록 대리기사 비용도 월 단위로 지원된다.

골프는 공식적인 회사의 행사는 당연히 회사가 모든 비용을 부담한다. 하지만 골프의 경우는 회사의 경영상황과 부문 사장의 취향에 많은 영향을 받는다. 나의 경우는 골프는 많은 혜택을 보지 못했다. 업무와 관련되지 않은 활동은 수혜자 원칙으로 각자 비용을 지불해야 한다. 그래서 골프를 즐기는 대부분 상무 3년 차 이상 임원들은 개인적으로 회원권을 구매해서 하나씩은 갖고 있다. 더불어 각 사업장은 업무 용도로 2개 정도의 법인회원권을 소유하고 있다.

더불어 임원들은 업무 스트레스가 많기에 건강과 관련해서는 거의 완벽하게 챙겨준다고 보면 된다. 매년 부부가 가장 비싼 건강검진을 받을 수 있도록 회사에서 준비해준다. 뿐만 아니라 치과 역시 가장 좋은 환경의 병원에 언제든지 예약해서 치료를 받을 수 있도록 배려해준다.

그러면 업무강도는 어떨까? 업무강도는 그야말로 상상을 초월한다고 생각하면 된다. 세상에 공짜가 어디 있겠는가? 대우가 좋으니 일은 그에 상응하게 많은 것이다. 각 팀의 업무실적은 당연히 전적으로 임원들 책임이고, 그 결과를 바탕으로 사원들의 보너스가 결정되고 사업부별 평가가 결정되므로 엄청난 스트레스를 받는 것이 사실이다.

회사의 경영 관점에서는 쉽게 얘기하자면 회사와 그룹의 총수를 위해서는 언제 어느 상황에서도 총알받이가 될 수 있을 정도의 Royalty를 발휘해야 한다. 업무적으로 임원들은 팀의 리더이자 프로젝트 리더로서 하고 싶은 일은 다 할 수 있고, 회사의 전폭적인 지원을 받는다. 하지만 책임도 당연히 다 져야만 한다.

참고로 임원이 된 후에 내가 가장 시간을 많이 투자하고 열정적으로 한 업무는 바로 주재원 시기에 푹 빠진 SCM(Supply Chain Management)이라는 업무였다. SCM과 관련된 부분과 연계해서 내가 관장하고 있는 모든 공정을 누구나 쉽게 접할 수 있게 시스템으로 공유하기는 어렵지만 성취감이 대단한 업무였고, 회사의 미래가 걸린 중요한 업무인지라 정말 열정적으로 추진했다.

내가 임원 승진을 한 해에 미국 발 금융위기가 발생한 탓에 아주 어려운 시기를 겪었다. 당시 40% 이상의 현장 설비를 강제적으로 전원을 내려 가동을 중단시켰다. 그래서 당시 회사에 출근해서 가장 먼저 챙긴 것이 바로 현장직원들의 교육이었다. 현장설비의 비가동으로 인해 작업자들을 바로 퇴직시킬 수 없으므로 임시방편으로 매일 교육 프로그램을 만들어 운영했다.

그 살벌한 금융위기는 2009년 2분기를 지나면서 서서히 회복되었다. 불이 꺼져 있는 현장이야말로 회사는 물론이고 그 현장에서 일하는 모든 직원들에게는 가장 가슴 아픈 상황이라는 것을 뼈저리게 경험했다.

그리고 가장 귀중한 것을 하나 더 배웠다. 아무리 세계 랭킹 1위를 하더라도 금융위기가 발생한 상황에서는 전혀 빛을 발하지 못했다. 즉, 1등만 해가지고는 항시 승자가 될 수 없다는 것을 알았다. Only One이 되어야만이 그것을 누릴 수 있다. Only One의 경쟁력을 갖추는 것은 정말 어렵다. 하지만 그것을 갖기 위해 모든 회사가 매년 새로운 목표에 도전하는 것이다.

그러다 보니 나는 임원이 된 후에 이런저런 이유로 2년 반 동안 일에 파묻혀 매주 토요일도 당연히 출근을 해서 근무했다. 나만 그런 것이 아니다. 제조현장에 있는 모든 임원들은 토요일은 거의 다 출근했다. 사실 임원들은 휴가도 당연하지만 회사의 상황에 따라 많이 좌우된다. 나의 경우는 휴가 역시 마음 편히 간 적이 없었다. 동계휴가는 한번도 가질 못했다. 사실 이 부분은 아내에게 많이 미안하다. 이것도 각 개인의 복이 아닌가 싶다. 앞서 언급했지만 운이 좋게 회사의 경영 상황이 좋을 때 승진한 임원들은 당연히 여러 가지 대우가 좋다. 어찌 겠는가 운명인 것을.

하지만 이러한 여러 가지 좋은 대우에도 불구하고 모든 임원들은 연말에 약 한 달 간은 보직해임이라는 공포 때문에 가족과 함께 마음고생을 해야 한다. 경영실적이 우수한 부문은 조금 덜하겠지만, 매년 경영실적과 나이 등등 여러 가지 경영변수가 발생하는 상황이라 대부분의 임원들은 그야말로 끔찍한 12월을 보낸다.

이렇게 매년 살벌한 경쟁상황을 잘 극복하여 계속 훌륭한 업적을 내야만 전무로 승진하고 결국은 사장까지 가는 것이다. 어느 대기업이나 비슷하다고 본다. 위로 갈수록 외롭고 스트레스는 상상을 초월할 정도로 가중된다. 그것을 슬기롭게 이겨내는 자만이 승자가 되는 것이라 생각한다.

특히 조직을 관리하고 대외적인 모임으로 인해 술자리도 부장 때보다 훨씬 많아진다. 따라서 자기관리가 가장 중요하다. 건강은 물론이고 자기 신상에 대한 철저한 관리를 하지 않으면 한 순간에 탈락하게 된다. 대부분의 조직을 이끌고 있는 임원들은 월요일부터 금요일까지는 조직관리를 위해 매일 술자리가 이어지고, 주말은 골프를 친 후에 뒤풀이 술자리가 이어지므로, 거의 일주일에 6~7일을 술로 산다고 생각하면 된다.

특히 골프 후의 뒤풀이 술자리는 정말 장난이 아니다. 예를 들어 골프행사에 10가지 상이 있다면 한 가지 상을 받을 때마다 무조건 폭탄주를 최소한 세 잔은 마셔야 한다. 그날의 최고 Player는 물론 최소 폭탄주 10잔은 마셔야 트로피와 부상을 문제 없이 챙겨 간다. 일요일 아침에 나가서 오후 늦게 술에 완전히 취해 대리기사에게 몸을 맡겨 귀가한다. 하지만 그것을 단지 나쁜 음주문화로만 단순하게 치부하기에는 무리가 있다. 그것이 그나마 유일하게 그들이 스트레스를 푸는 문화이기 때문이다.

어떤 문화이건 적응해서 이겨나갈 수밖에 없다. 아니면 조직을 떠날 수밖에 없다. 절이 싫으면 중이 절을 떠나야 하는 것과 같은 논리다. 사실 이 얘기도 임원까지 오면서 까다로운 상사들에게 몇 번 들었던 얘기다. 물론 중간에 술로 건강을 잃은 Top CEO들께서 와인이나 막걸리로 바꾸는 시도를 하기도 하지만 결국은 오래가지 않고 폭탄주로 다시 돌아간다. 아무튼 이러다 보니 정말로 술이 무서워 대기업을 그만둔 사람이 내 주변에 정말 있었다. 그분은 지금 대학교수가 되어, 가끔 내가 술에 찌들어 사는 것을 듣고는 자긴 일찍 방향을 바꾸길 잘했다고 덕담을 하곤 힌다. 그린 말이 있다. 대기업 임원의 가장 중요한 조건이 바로 체력이라고, 절대 틀린 얘기가 아니다.

엄청난 음주를 한 다음날에는 어떠한 일이 있어도 임원들은 그야말로 칼 출근을 해야 한다. 이것에 대한 적응을 못해 일찍 퇴임을 당한 임원들도 있다. 물론 사원들의 경우에는 최근 '자유출근제'를 운영하므로 아침에 몸이 피곤한 사원들은 좀 늦게 나오는 대신에 정해진 하루 근무시간을 채워 근무하면 문제가 없다. 물론 자신의 업무는 자신이 확실하게 챙겨야 하는 것은 당연지사고, 회식 후에 너무 자주 사용하면 서서히 회식에서 따돌림을 당할 확률이 높다. 따돌림이 평가로 이어지는 것은 당연하다. 하지만 본인의 여건을 고려한 정직한 자유출근은 전혀 문제되지 않는다.

아무튼 임원들은 자유 출근을 누릴 여유가 없다. 매일 아침에 주요 회의를 주관하거나 참석해야 하기 때문이다. 내가 나중에 느낀 가장 좋은 방법은 무조건 1차만 가는 것이다. 즉, 1차를 마치면 바로 귀가하는 것이다. 이것 역시 쉽지 않지만 나름대로 기준을 갖고 움직이면 나중에 주변에서 다 인정해준다. 이것으로 잃는 것보다는 얻는 것이 더 많다. 술을 좋아하는 선후배들에게는 처음에 조금 냉대를 받지만 가족들에게는 사랑을 받는다. 다음날 근무에도 거의 영향이 없다. 건강에도 당연히 좋다. 그렇지만 쉽지 않다. 그럼에도 확실한 결심을 갖고 도전하길 권한다.

대기업은 올라가면 올라갈수록 승진할 기회와 확률은 더 어렵고 작다. 일 역시 더 많아지고 받는 스트레스는 상상을 초월한다. 물론 그에 상응한 대우 역시 상상을 초월하게 좋아진다. 봉급은 좀 차이가 있겠지만 나라의 공직자들도 비슷하다고 생각한다. 개인적으로 대통령 직무가 가장 힘들 것이라 생각한다. 올라갈수록 얻는 달콤한 권력 대신에 따라오는 상상을 초월하는 업무와 극도의 외로움이 있을 것이다. 그것을 극복하는 사람만이 위대한 리더로 남게 되고, 훗날에 국민들이나 후배들에게도 좋게 평가된다고 생각한다.

해마다 아주 적은 인원의 임원들이 예고 없이 다가오는 병으로 부득이 퇴임하는 경우가 있다. 발병 원인은 대부분이 스트레스이다. 그렇게 되지 않을 좋은 방법은 없을까? 당연히 있다. 바로 운동이다. 그런데 어렵다. 알겠지만 매일 밤 12시에 들어가니 아침에는 분단위로 전쟁이다. 하지만 결국 끝까지 가려면 건강이다. 우습게 들릴 수도 있지만 건강해야 술도 잘 취하지 않는다. 나중에 대기업에 근무하게 되면 이 말의 의미를 실감할 수 있다.

아무튼 이러다 보니 요즘 수석과 부장들은 농담 삼아 이런 얘기를 한다. 임원으로 어렵게 승진해서 술로 몸 버리고, 일만 죽으라고 하다가 예고 없이 퇴임을 당하는 것보다 부장이나 수석으로 오래 버티는 것이 훨씬 좋다는 얘기다. 가늘지만 길게 간다는 것이다. 임원들의 생활을 매일 옆에서 보고 느낀 말이지만, 한편으로는 임원으로 가지 못하는 본인들의 자격지심도 섞인 말이라고 생각한다.

어찌되었건 선택은 본인이 하는 것이 아니다. 능력이 출중하면 임원으로 가는 것이고, 그렇지 못하면 수석이나 부장으로 마치는 것이다. 선택은 회사가 하는 것이다. 수석이나 부장으로 길게 가는 것 역시 그리 마음 편한 길은 아니라고 생각한다. 해마다 인력을 줄인다는 소식과 부하직원의 갈 길을 막고 있는 부담으로 잠을 설치기 때문이다. 하지만 어떤 길을 가든지 앞서 언급했던 본인의 꿈을 향해 가고 있다면, 그 길은 열정이 있고 아름답다고 생각한다.

요즘은 임원들의 나이가 갈수록 젊어지고 있다. 따라서 직장생활을 하면서 가능한 제2의 인생 준비를 하는 것이 중요하다는 것을 나 역시 퇴임하고 나서야 알았다. 예를 들면 퇴임 후에 무슨 일을 할 것인지에 대해 평소에 집사람과 상의하고 사전에 준비를 철저히 해야 한다는 얘기다.

또한 임원이 된 다음부터는 매사에 더욱 조심해야 한다. 임원들의 모든 행동은 직원들의 롤 모델이 되기도 하고 행동 하나하나가 직원들의 관심 대상이 되기 때문이다. 즉, 회사 안팎으로 공인된다는 것이다. 그것을 잘하지 못하면 퇴임기간 역시 단축되게 된다. 사실 내가 임원이 되었을 때 가장 좋아하고 축하를 해준 사람이 바로 아내였다. 대우도 파격적이고 마치 모든 고생이 끝난 것과 같은 기분이었을 것이다. 하지만 임원으로 승진한 후, 주말 없는 업무와 매일 늦은 귀가로 언제부턴가 돈이 전부가 아니라는 표현을 나에게 하기 시작했다. 하지만 나로서는 그 자리를 수성하기 위해서는 대안이 없었다.

아이러니하게 임원으로 승진하고 나서 부부간의 갈등을 많이 겪었다. 퇴임을 한 지금은 아내와 나는 같이 많이 아쉬워한다. 만족이라는 기준을 조금만 낮추고 서로를 이해하면 행복이라는 것은 아주 쉽게 느낄 수 있는데 말이다. 그래서 종교생활과 봉사활동이 중요하다고 생각한다. 어렵지만 시간을 내서 가족과 함께하는 그런 활동들이 직장생활에 아주 큰 힘이 된다는 것을 나중에야 느꼈다.

아무튼 잘 해오다가 갑자기 마지막에 업무과중으로 인한 스트레스 때문에 임원의 꿈이 깨진 분들도 있으리라 생각한다. 앞서 여러 번 강조했지만 유능한 임원은 스트레스를 Fun으로 승화시키는 역량도 갖고 있어야 한다고 생각한다. 아쉽게도 나는 그러기 위해 최선을 다했지만 결과론적으로 잘하지 못했다.

아무리 임원들이 받는 스트레스가 많다고 해도, 이왕 대기업의 사원으로 입사했다면 누구나 임원으로 승진하는 꿈을 갖고 시작한다고 생각한다. 그야말로 샐러리맨의 로망은 바로 임원이라 생각한다. 그러나 다 임원으로 가진 못한다. 극히 적은 선택된 인원만이 거기에 도달할 수 있다. 확실한 꿈이 있고 꿈을 하나씩 실천해 가는 사람들만이 달성 가능한 성지이기 때문이다.

자기 자신을 철저하게 관리한 Dreamer만이 그 정상에 설 수 있다는 것이다. 거기에 도달해보지 않고는 진정한 그 맛을 알 수 없는 것이 바로 정상의 맛이 아닌가 생각한다. 그렇기에 그 많은 어려움을 겪으며 산의 정상을 오르는 것과 마찬가지라 생각한다. 하지만 미리 하산을 걱정하고 두려움에 떠는 고통보다는, 맞서서 고통을 즐기는 영광을 누려보길 적극 권한다. 임원이라는 목표는 달성하면 좋지만 달성하지 못하더라도 목표를 향해서 가는 여정이 그야말로 아름다운 스토리가 되기 때문에 후회는 없다고 생각한다.

인생은 카누를 타고 강물을 타는 것과 비슷하다고 생각한다. 평온한 물길도 있지만 때론 거친 물줄기가 서로 조화를 이루며 긴 강을 이루고 있기 때문일 것이다. 거친 물줄기에도 흔들리지 않고 강의 흐름을 타려면 몸과 마음의 무게중심이 가장 중요할 것이라 생각한다.

그렇지만 아무리 임원이라는 직위와 대우가 좋아도 본인이 행복하지 않으면 다 부질없는 것이라 생각한다. 따라서 어떤 것이든 행복하지 않으면 행복하게 만들려는 노력을 해야 한다고 생각한다. 그래도 그것이 정말 길이 아니라면 새로운 길을 찾아 떠나는 모험을 즐기길 권한다. 인간은 결국 행복하기 위해서 사는 삶이 아름답다고 본다. 우린 그 행복을 누릴 권리를 항시 갖고 있다.

하지만 이왕 임원까지 올랐다면 광이불요(光而不耀)의 마음가짐으로 꼭 정상까지 도전하길 권한다. 정상엔 오른 사람만이 느낄 수 있는 고귀한 승자의 행복이 있으리라 생각한다. 모두에게 건투를 빈다.

제9장 버킷 리스트

버킷 리스트

직장에서 일하던 어느 날, 생산현장의 품질문제로 인해 VIP고객으로부터 심각한 클레임이 접수되었다. 내가 근무하던 회사는 부품을 생산해서 주로 Set 완제품을 만드는 고객에게 제품을 납품한다는 이유로, 현장의 품질관리는 매우 엄격하고 까다롭다. 그럼에도 불구하고, 가끔 현장의 품질문제로 인해 고객으로부터 강한 클레임을 받곤 한다. 상황이 최악일 경우에는 Set 비용을 포함한 경영차질비용을 전부 부담해야 한다. 그 경향으로 Repeat Order가 없어지는 경우도 종종 있다. 그러므로 클레임이 접수되면 현장은 물론이고 회사 전체에 비상이 걸린다.

그러한 이유로 업체별 제품의 완벽한 품질관리를 위해 업체별 품질구분코드(Code)를 제품에 부여해서 생산하고 있다. 현장에서는 이 업체별 제품코드를 '버킷(Bucket)'이라고 한다. 사전적 의미는 '양동이, 들통' 등 몇 가지 뜻이 있지만, 누가 언제부터 어떤 이유로 그렇게 부르는지는 알 수 없다.

아무튼 그 버킷으로 인해 관련된 많은 부서가 한바탕 곤욕을 치르고 있는데, 미국 주재원을 하고 돌아온 생산관리부서의 한 후배로부터 메일이 왔다. 이번 품질문제로 버킷이라는 단어만 들어도 짜증나겠지만, 버킷이라는 어원을 찾다가 「The Bucket List」라는 괜찮은 영화를 우연히 찾았으니 이 문제가 해결되면 한번 보라는 위로와 추천의 메시지였다. 그러면서 'Bucket List'의 의미는 죽기 전에 꼭 하고 싶은 일을 의미한다는 설명도 덧붙였다.

일에 묻혀 지내면서 까맣게 잊고 있다가 퇴직 후에 그 후배의 전화를 우연히 받고, 「The Bucket List」라는 영화를 DVD를 구매해서 보게 되었다. 좋은 영화는 가끔 DVD를 구매해서 다시 보는 취미가 있었지만, 사실 이 영화에 대한 인지도가 낮은지라 구매보다는 내가 사는 아파트 주변에 있는 DVD대여점을 통해 그냥 한번 빌려볼 생각이었다.

회사를 그만두고 정말 오랜만에 아파트 주변을 돌아보니 놀랍게도 DVD대여점이 한 곳도 없었다. 생각해보니 이미 텔레비전으로 쌍방향 통신을 하고, 누구나 돈만 지불하면 쉽게 인터넷을 통해 다운로드를 받아 원하는 영화를 볼 수 있으니 없는 것이 당연하다 싶었다. 그 대신 아파트 주변에 스크린골프나 휴대폰 판매대리점은 예전에 비해 그 수가 많아진 것 같았다. 냉혹하지만 자연스럽게 시장의 수요공급의 법칙이 생생하게 집 주변에도 살아 숨쉬고 있었다. 오래전에 가끔 들러서 얼굴을 익힌 나와 비슷한 나이의 DVD대여점 주인아저씨의 얼굴이 어렴풋이 떠올랐다.

나는 영화를 고르는 나만의 기준을 갖고 있다. 최소한 하나는 만족해야 영화를 선택한다. 하나는 감독이고 다른 하나는 배우다. 이유는 내가 선택한 사람들에 대한 믿음이다. 그 믿음으로 나는 가끔 아내에게 미움을 받기도 하지만, 나의 믿음은 지금도 변함이 없다.

돈은 많지만 삶이 황폐한 한 노인과 자신의 인생 모두를 가족에게 헌신한 늙고 병든 다른 한 노인. 이 두 노인이 운명처럼 한 병실에서 만나 우정을 나눈다. 그리고 그들은 그들만의 '버킷 리스트'를 만들어 마치 꿈 많은 10대들이 새로운 세계를 경험하듯 하나씩 그들의 '버킷 리스트'를 실행해간다. 그러면서 그들은 서로 깊은 우정을 나눔과 동시에 자신들이 지나온 삶에 대한 의미를 새롭게 느끼는 그런 내용의 영화다.

주연배우인 잭 니콜슨과 모건 프리먼의 연기와 대사도 좋았지만, 그 영화의 스토리가 지금의 나의 연륜과 상황이 어우러져, 마치 내가 주연배우가 된 것처럼 그 영화에 푹 빠지게 되었다. 그 영화를 보고 나서 작품에 대한 여운이 가슴 깊이 길게 남아 있다. 그 이유는 아마도 나 역시 뚜렷한 버킷 리스트 없이 직장생활을 해왔기에 지나온 나의 삶이 씁쓸하고 많이 아쉬운 감정 때문이라 생각한다.

곰곰이 생각해보니, 불확실한 미래에 대한 두려움과 반복적이고 따분한 현실에서 벗어나고 싶은 마음에 막연하게 다른 무언가를 하고 싶다는 것은 있었지만, 여유를 갖고 인생을 진지하게 생각하며 그 무언가를 일목요연하게 정리한 나의 진정한 버킷 리스트는 없었다. 40대 중반을 넘어가면서 가끔 부장 동료들과 술자리에서 자주 하던 얘기가 있었다. 지금 생각해보니 막연하지만 그것이 유일한 우리들의 버킷 리스트가 아니었나 싶다.

그 당시에는 주로 낭만적인 귀농 얘길 많이 했었던 것 같다. 주로 시골에서 태어나 아직 고향에 부모나 친척이 있는 부장들이 털어놓는 각박한 현실에 대한 탈출구 이야기다. 내일이라도 당장 깐깐한 상사에게 당당히 사표를 던지고 후배들로부터 부러움과 찬사를 받으며 현실을 과감하게 탈출하자는, 그야말로 초현실주의 그림을 그리며 술잔을 기울이곤 했던 기억이 있다. 매번 다음날 아침에는 마치 치매에 걸린 사람들처럼 완벽하게 잊곤 했지만 말이다. 각박한 삶의 현실을 논하는 그런 술자리에선 도시가 고향인 부장들은 늘 시골이 고향인 동료들을 한없이 부러워하곤 했다. 대기업에서 부장생활을 몇 년 해본 분들은 아마도 누구나 한번쯤은 같은 생각을 해보았을 것이라 생각한다. 그 막연한 일상의 탈출을 말이다.

나는 늦은 감이 있지만 차분히 하나씩 나만의 버킷 리스트를 작성해 보았다. 생각보다는 잘 정리되질 않았다. 아마도 바쁜 와중에 그래도 조금씩이나마 하고 싶은 것을 하면서 살아왔다는 생각도 해보았지만, 그것보다는 회사일 외에는 생각할 여유가 없던 것이 더 큰 이유가 아닌가 생각한다. 갑자기 돈이 많이 생기거나 여유시간이 많이 생기면 막상 무엇을 해야 할지 모른다는 것과 같은 맥락이라 생각한다. 나는 서재의 문을 닫고 책상에 앉아 하루 종일 나름대로 집중해서 나의 버킷 리스트를 작성해보았다.

지구촌의 어려운 환경에서 신음하고 있는 어린이들을 위한 그 무언가를 꼭 하고 싶었던 꿈, 수도자처럼 히말라야의 차마 고도를 100일 동안 걸어 진정한 자아를 얻고 싶었던 꿈. 아무튼 평소에 생활하면서 마음속으로 언젠가는 꼭 하고 싶어 했던 내용을 차분히 정리해보았고, 아마 앞으로도 정리단계에서 계속 추가될 수도 있고 줄어들 수도 있을 것 같다. 그리고 인생 반려자인 아내와도 협상할 생각이다.

그 다음 단계는 아마도 그 리스트에 대한 일정을 잡는 것이 무엇보다 중요하다고 생각한다. 그렇지 않으면 그야말로 일장춘몽(一場春夢) 내지는 사상누각(沙上樓閣)으로 끝나버릴 것이 뻔하기 때문이다. 직장생활을 하면서 좀 더 여유를 갖고 진지하게 버킷 리스트를 진작에 작성해보았더라면, 직장생활을 더욱 보람 있게 했을 것이고, 더불어 그 목적을 달성하기 위해 조금은 더 노력했을 것 같은 아쉬움이 많다. 어디 나만의 아쉬움이겠는가. 집사람도 비슷한 생각일 것이다.

아무튼 이번에도 영화에 대한 나의 믿음은 나의 기대를 저버리지 않았다. "돈을 버는 것은 기술이고 돈을 쓰는 것은 예술"이라고 한 재일교포 사업가이신 한창우회장의 말씀이 문득 생각난다. 돈은 버는 것도 어렵지만 결국 잘 사용해야만 행복한 인생의 화룡점정(畵龍點睛)이 된다는 말씀이 아닌가 생각한다. 아무튼 기술이건 예술이건 한 사람의 인생 관점에서 보면 그것은 멋진 인생 스토리라고 생각한다. 멋진 인생 스토리를 위해서는 각자의 버킷 리스트가 필요하다고 생각한다.

여러분도 한번 정리해보길 권한다. 여러분의 멋진 인생 스토리를 위해서 말이다. 오래전에 신문에서 해외특파원이 기고한 글을 읽은 적이 있다. 제목은 이랬던 것 같다. 「맥시마이저(Maximizer)와 새티스파이서(Satisficer)」

맥시마이저는 보다 나은 목표와 성공을 위해 끊임없이 노력하는 사람이다. 당연히 휴식이 있을 수 없다. 반대로 새티스파이서는 어느 정도의 목표를 정하고 그 다음부터는 그야말로 자기만의 방식으로 인생을 즐기는 사람이다. 선택은 본인이 하는 것이다.

난 인생 2막은 새티스파이서처럼 살아볼 생각이다. 나의 버킷 리스트를 실행하면서 말이다.